L'EUROPA AI CITTADINI
Capire, dibattere, partecipare

Andrea Minieri

Copyright © 2024 Andrea Minieri

Tutti i diritti riservati.

Codice ISBN: 9798322127321

INDICE

Premessa   1

1. **Il percorso evolutivo della Comunità europea**   10

    1.1. La nascita dell'Unione europea: il ruolo degli Stati Uniti d'America e gli intenti dei Paesi europei (1945 – 1954)
    1.2. L'esercito europeo e gli sviluppi della Comunità Europea per il Carbone e per l'acciaio (1955 – 1964)
    1.3. La politica cede (di nuovo) il passo all'economia (1965-1984)
    1.4. Il sussulto della politica europea (1985-2003)
    1.5. Il grande allargamento dell'Ue e l'attuale stato del processo evolutivo dell'Unione (2004-2024)

2. **Le istituzioni dell'Unione europea**   57

    2.1. Il Consiglio europeo
    2.2. Il Consiglio dell'Unione europea
    2.3. La Commissione europea
    2.4. Il Parlamento europeo
    2.5. La Corte di giustizia dell'Unione
    2.6. La Banca Centrale europea
    2.7. La Corte dei Conti dell'Unione europea
    2.8. Gli altri organi dell'Unione

3. **Come funziona l'Unione europea**   133

    3.1. La natura giuridica dell'Unione, le fonti del diritto e il rapporto tra legge europea e legge nazionale
    3.2. I princìpi dell'Unione europea e il riparto di competenze tra Ue e Stati membri
    3.3. Unione europea: come si entra, come si esce

4. **Che cosa fa l'Unione europea** 169

    4.1. Le forme di intervento dell'Unione europea
    4.2. Come avviene la gestione dei fondi dell'Unione
    4.3. La risposta europea alla crisi pandemica

5. **Perché andare a votare** 184

    5.1. I gruppi politici europei e la collocazione dei partiti italiani
    5.2. Le implicazioni del voto per il Parlamento europeo

Conclusioni 206

Bibliografia 224

*Per onorare l'eredità dei padri fondatori dell'Unione,
e la volontà di tutti gli uomini e di tutte le donne
che hanno contribuito a costruire, un mattone dopo l'altro,
la grande Casa chiamata Unione europea.*

PREMESSA

L'EUROPA AI CITTADINI
Capire, dibattere, partecipare

Quante volte avete sentito parlare dell'Unione europea nei telegiornali o nei talk show televisivi? Quante volte avete ascoltato un personaggio pubblico, magari un politico o un giornalista, parlare dei "burocrati europei"? E ancora: quante volte avete sentito nominare misteriose e singolari istituzioni come il "Consiglio europeo", il "Parlamento europeo" o la "Commissione europea"? La risposta non può che essere la seguente: numerosissime volte. Eppure, nonostante l'Unione europea sia entrata con forza nelle nostre televisioni, nelle nostre radio e nelle piazze (virtuali e fisiche) di tutta Italia; nonostante non ci sia un singolo giorno in cui la cronaca politica nazionale non riguardi, anche – e soprattutto – la cronaca politica europea; nonostante tutto questo, sono certo che oggi in pochi possano affermare di avere le idee chiare su cosa sia questa tanto nominata Unione europea.

Vi faccio un esempio. Se vi dicessi «l'Europa ha fallito durante la crisi migratoria» e vi chiedessi se questa affermazione, a vostro avviso, fosse corretta o no, sono convinto che tutti, o quasi tutti tra voi, mi direste che sì, «l'Europa ha fallito». Allo stesso modo, se vi dicessi: «l'Unione europea, in materia di politica estera, è stata un'esperienza fallimentare», sono certo che la stragrande maggioranza di voi condividerebbe questa affermazione. Se vi dicessi, ulteriormente: «l'Unione europea è solamente un insieme di affaristi e burocrati», scommetto che in pochissimi contraddirebbero questa dichiarazione, argomentandone, poi, le dichiarazioni.

Le affermazioni che precedono sono evidentemente delle provocazioni ma, soprattutto, sono tutte affermazioni tecnicamente false. Nell'ordine:

1. non è "l'Europa" ad aver fallito sulla questione migratoria, perché l'insieme delle istituzioni che compongono l'Unione europea, come avremo modo di approfondire nel merito più avanti, su questo specifico tema ha le mani legate. Nel dettaglio, sono i singoli Governi degli Stati membri a poter "bloccare" provvedimenti che l'Europa vorrebbe approvare. E questa non è l'opinione di Andrea Minieri. È quello che i Trattati internazionali – le regole del gioco dell'Unione europea – prevedono. Regole, per altro, che sono state decise dai singoli Stati membri;

2. le competenze dell'Unione europea in materia di politica estera sono accresciute nel corso degli anni. Qualcuno potrebbe obiettare: "non sono cresciute abbastanza!". È vero, avrebbe ragione nel dirlo, sarebbero dovute crescere molto di più. Ma perché, allora, non sono cresciute? Perché l'Unione europea non riesce ad avere un ruolo incisivo nel panorama geopolitico e deve continuamente accodarsi alle decisioni prese oltre oceano? È semplice dirlo, ma… impopolare: perché i singoli Stati membri non hanno mai voluto concedere poteri di indirizzo e decisionali alle istituzioni dell'Unione europea. E il risultato è che, oggi,

ogni Stato membro dell'Unione europea può impedire il raggiungimento dell'unanimità richiesta. È la mia opinione? No. Ancora una volta, sono le regole dei Trattati che disciplinano le funzioni del "Consiglio dell'Unione europea";

3. l'Unione europea, come tutti gli ordinamenti nazionali liberali e democratici esistenti in Occidente, ha una componente di rappresentanti che è eletta a suffragio universale, libero e diretto (i parlamentari, che compongono, appunto, il Parlamento europeo), nonché alcuni rappresentanti che sono eletti "indirettamente", come, a esempio, il nostro Presidente del Consiglio (esatto, Giorgia Meloni, Mario Draghi, Giuseppe Conte, Matteo Renzi, etc, non sono stati eletti direttamente dal popolo). Parallelamente – ripeto, come ogni altro ordinamento nazionale occidentale – l'Unione europea ha una componente di soggetti, per così dire, "ministeriali" che sono individuati per nomina, nonché un apparato amministrativo costituito mediante professionisti selezionati per concorso pubblico. Qualcuno saprebbe indicarmi dove è lo scandalo? Funziona così in ogni Stato europeo e occidentale, anche in Italia. Lo chiedo senza alcuna ironia: qualcuno ha avuto la possibilità di eleggere i Ministri degli ultimi governi? Qualcuno ha votato Francesco Lollobrigida come ministro, o Luigi Di Maio o, per dirne un altro, Marco Minniti? Ovviamente no, nessuno di noi ha votato quei ministri, come nessuno di noi ha votato un capo di gabinetto, o un dirigente della Ragioneria dello Stato. Questo perché i "burocrati" sono in ogni ordinamento e non si votano. Tra l'altro, i "burocrati" – espressione detestabile – mandati in Europa sono per la maggior parte delle volte soggetti individuati dai Capi di governo di ogni

Nazione, dunque da persone che, nella quasi totalità dei casi, sono i leader di partito teoricamente più popolari.

Sono consapevole di essere entrato a gamba tesa. Eppure, come le prime tre affermazioni citate all'inizio di questo libro, ne esistono altre a centinaia: sono per lo più credenze "metropolitane", affermazioni maliziose pronunciate per ignoranza o, purtroppo, vere e proprie menzogne pronunciate con il fine di nascondere la verità delle circostanze.

L'Unione europea (da qui in avanti anche "Ue" o "Unione") rappresenta, ad oggi, un attore straordinariamente importante e incisivo nella vita quotidiana dei nostri giorni. Potrà sorprendervi sapere che l'Unione amministra e tocca palla – talvolta con gli Stati membri e in alcuni casi da sola – in un numero estremamente ampio di ambiti, quali, a esempio: la concorrenza tra le imprese; la negoziazione di accordi commerciali con Paesi terzi; la libera circolazione di beni, servizi, persone e capitali tra gli Stati membri; le politiche di ricerca e sviluppo; la politica estera (nei limiti del possibile…) e, in particolare, la politica economica. Ognuna di queste "competenze" influenza, in via diretta o indiretta, le politiche intraprese o da intraprendere di ogni Stato membro e, quindi, la vita delle imprese, la somministrazione dei servizi, l'economia nel suo insieme, nonché i diritti sociali dei cittadini. Ad oggi, tantissime delle tutele esistenti in Italia sono garantite grazie alle passate pretese di "mamma Unione europea", a esempio in materia ambientale, in tema di servizi pubblici, con riferimento alla tutela della privacy; o in ambito del diritto del lavoro e della sicurezza sociale, della tutela dei consumatori e in ambito scientifico (da ultimo, la normativa sull'intelligenza artificiale!).

Sarò strano io, ma tutto ciò mi ha sempre affascinato. Sin da quando all'università ho svolto i primi studi di diritto dell'Unione europea, ho sempre pensato all'Europa come ad una sorta di palcoscenico dove i diversi Stati membri protagonisti prendono parte ad uno spettacolo unico e particolarmente complesso: affrontare e vincere le sfide globali del futuro. Ogni Stato-attore ha una storia personale, un ruolo da interpretare, delle caratteristiche che lo rendono unico; allo stesso tempo, tuttavia, ogni interprete dello spettacolo è indissolubilmente legato agli altri, condividendone il destino. Ecco, se dovessi indicarvi quale sia stata la motivazione che più mi ha spinto a scrivere questo libro, vi segnalerei innanzitutto il desiderio irresistibile di conoscere la trama di questo copione, la misteriosa e drammatica trama intitolata "politica europea". L'Europa è un mosaico di culture, lingue e tradizioni, ma anche di politiche complesse e decisioni cruciali. Io volevo saperne di più. Volevo capirne di più. Non tolleravo più il fatto di accendere il telegiornale, sentir parlare di un "vertice europeo a Bruxelles", e non comprendere cosa diamine stesse accadendo in quella città. In secondo ordine, vi segnalerei le "preoccupazioni". Più studiavo le norme dei Trattati o approfondivo le vicende politiche nazionali ed europee, più alcune inquietudini cominciavano a saltellare *qua* e *là* nella mia testa. Mi dispiace condividerle con voi, ma come avrete modo di approfondire durante la lettura del libro e, in particolar modo, delle conclusioni, c'è un *filo rosso* che accomuna tutti i capitoli: mai come in nessun altro momento storico del passato recente, l'Italia ha bisogno, oggi, di un'Unione europea più incisiva e forte sul piano politico. Gli attacchi terroristici, i flussi migratori che sembrano inarrestabili, la pandemia da Covid-19; l'invasione dell'Ucraina, le drammatiche vicende del Medioriente e il delicatissimo scenario geopolitico che vede contrapposte "vecchie" grandi potenze in decadenza e il sorgere di nuove grandi potenze: tutto ciò ha scandito un repentino mutamento degli equilibri geopolitici globali, i quali non possono essere fronteggiati, in alcun modo, dai singoli Stati europei.

Non è tutto. Sono ben consapevole che i cittadini italiani nutrono una profonda sfiducia nei confronti della politica – in generale – e che, in particolare, nei confronti dell'Europa vi è uno scetticismo diffuso, a mio avviso scarsamente argomentato. Cimentarmi nella scrittura di questo libro – che rappresenta un sintetico *manualetto* di approfondimento per la cittadinanza, finalizzato a chiarire gli aspetti maggiormente rilevanti delle future votazioni di giugno – è stato per me, dunque, un atto dovuto. A essere onesti, infatti, ho maturato da tempo una chiara convinzione: c'è un solo modo per contrastare il cieco risveglio dei nazionalismi: contribuire al dibattito pubblico, divulgativo e politico in maniera seria e con la volontà di raccontare con chiarezza come stanno davvero le cose. È un lavoro inutile? Credo assolutamente di no. Anche se solo un piccolo numero di persone sarà arricchito da ciò che racconterò in questo volume, sarà per me un grande risultato. È stato un lavoro faticoso? Assolutamente sì, lo dico senza riserve: è stato alienante e mi è costato molti sacrifici. Non vi nascondo che più volte mi sono sentito inadeguato e impreparato. Tuttavia, in ogni momento in cui stavo per gettare la spugna, le mie motivazioni sono state più forti dei timori, e il desiderio di poter offrire un servizio alla collettività per questa nobile causa mi ha fatto sempre rimanere solido nelle mie volontà.

Prima di addentrarci nel cuore del libro, vorrei darvi, infine, qualche piccola "istruzione per l'uso". Come vi dicevo nelle precedenti pagine, l'idea di scrivere questo breve saggio nasce spontaneamente e parallelamente all'idea di compiere un'urgente operazione di (in)formazione sui principali temi connessi all'elezione del Parlamento europeo. Le mie riflessioni sono partite inizialmente, infatti, da una semplice domanda: «quando si parla di Unione europea, i cittadini sanno di cosa si parla, in concreto?». A partire da questo interrogativo ho formulato, poi, ulteriori domande a cascata e, infine, sono riuscito a individuare il "metodo" da perseguire per scrivere questo libro. Non so se conoscete la metafora della "cassetta degli attrezzi". Si tratta di una metafora che viene comunemente utilizzata per descrivere un insieme di conoscenze o competenze che ogni individuo possiede e che può utilizzare per affrontare la vita di tutti i giorni. In estrema sintesi, ogni persona ha una propria "cassetta degli attrezzi" più o meno grande, più o meno fornita di utensili, che può utilizzare per risolvere i piccoli o grandi problemi della quotidianità. Ecco, nello scrivere questo libro mi sono prefissato l'obiettivo di fornire a ogni lettore una valida cassetta degli attrezzi per poter affrontare, con cognizione di causa, le complessità che si celano dietro il tema dell'"Unione europea". Leggendo questo volume acquisirete il lessico della politica europea, ne conoscerete i protagonisti e ne comprenderete il funzionamento. In altri termini, quando sentirete parlare in un telegiornale di un qualche "vertice europeo" saprete con certezza quali soggetti politici si sono riuniti; quando alla radio vi capiterà di sentir nominare istituzioni come il "Parlamento europeo" o il "Consiglio dell'Unione europea", saprete senza dubbi cosa sono, come sono composte e quale scopo si prefiggono; quando in una conversazione qualunque sentirete parlare chicchessia di cosa l'Unione avrebbe o non avrebbe dovuto fare, voi avrete gli strumenti culturali per sapere se sta dicendo una stupidaggine, o no.

Per darvi un'idea più precisa del contenuto della cassetta degli attrezzi di cui vi ho parlato, vi segnalo sinteticamente quali saranno gli argomenti del libro:

1. il percorso evolutivo dell'Unione europea. Non è una frase fatta: avere consapevolezza degli avvenimenti più importanti che hanno segnato la storia dell'evoluzione dell'Unione europea è essenziale per comprendere quale sia il contesto storico e politico in cui ci troviamo oggi.

Pertanto, ci soffermeremo sulle "tappe" storiche che hanno segnato l'evoluzione politica dell'Unione europea, approfondendo i grandi risultati, così come anche i grandi fallimenti politici;

2. quali sono e cosa fanno le numerose istituzioni dell'Unione europea. Quando sentite «l'Unione europea prevede che...», oppure «l'Unione europea ha sancito che...», sappiate che sono affermazioni vuote, circostanziali, che meritano di essere approfondite. L'Unione europea, come fosse uno Stato, ha, infatti, proprie istituzioni legislative, esecutive, giudiziarie e via dicendo. Analizzeremo le più importanti e, in particolare, ci soffermeremo sul Parlamento europeo, l'istituzione sulla quale voteremo a giugno, esaminando la sua conformazione politica (*esistono dei partiti europei? In che modo i parlamentari europei che eleggiamo in Italia si collocano in Europa?*);

3. come funziona e cosa fa l'Unione europea nel suo complesso. Nel libro faremo chiarezza, una volta per tutte, su come agisca questa organizzazione di Stati, quale sia il cordone ombelicale che la lega stretta ai singoli Stati membri e, in particolare, su cosa faccia con tutti i fondi che stanzia;

4. nelle conclusioni, infine, si approfondiranno gli effetti diretti e indiretti conseguenti all'elezione dell'Europarlamento, evidenziando, altresì, quale dovrà essere l'importante ruolo dell'Unione europea in futuro.

Lo scopo di «L'Europa ai cittadini», in definitiva, è duplice: da una parte, si prefigge di spingere il lettore a sviluppare qualche anticorpo in più nei confronti della imminente campagna elettorale, già in corso di svolgimento, poco incentrata sull'approfondimento dei temi e dei programmi dei partiti politici, e quanto più visibilmente impegnata nella mistificazione della realtà per il proprio tornaconto elettorale; d'altra parte, è anche quello di trasmettere un messaggio chiaro e netto: le elezioni dell'8-9 giugno 2024 rappresentano un appuntamento elettorale straordinariamente importante. La conformazione del Parlamento europeo, come si vedrà dettagliatamente in seguito, rifletterà, all'indomani delle elezioni, le diverse sensibilità politiche che emergeranno dalle urne, con conseguenze dirette sul futuro del nostro continente e della nostra nazione.

Il cammino per realizzare un'integrazione politica vera e profonda, finalizzato a istituire i tanto nominati "Stati Uniti d'Europa" è ancora lungo e tutta in salita. Senza dubbio, però, è stato imboccato, e questo percorso ha condotto i singoli Stati membri dell'Unione europea ad un bivio: scegliere la rinnovata illusione che «da soli si può fare meglio», oppure optare per la consolidata certezza dei vantaggi dell'integrazione economica, giuridica e sociale. Per questo, è necessario che la cittadinanza sia sufficientemente informata; che si confronti, nel merito, sui temi; che voti secondo coscienza – dunque non per "partito preso" – per la proposta politica che ritiene migliore. L'Europa ai cittadini; per capire, dibattere, partecipare.

CAPITOLO 1

IL PERCORSO EVOLUTIVO DELLA COMUNITÀ EUROPEA

L'Unione europea, ad oggi, è un organismo sovranazionale molto peculiare il cui funzionamento è fondato sul conferimento di poteri e competenze da parte delle nazioni che la compongono. Tali attribuzioni non sono sempre state le stesse e, in particolare, sono mutate nel corso dei decenni: l'Unione europea ad oggi conosciuta, infatti, è particolarmente differente dall'organismo sorto oramai settanta anni fa, successivamente alla conclusione della Seconda guerra mondiale. In questo primo capitolo, dunque, ripercorrerò con voi le principali tappe storiche che hanno scandito il percorso evolutivo dell'Unione europea. Ovviamente, la narrazione storica che segue non ha affatto la pretesa di essere esaustiva; in questa sede non potremo approfondire con dovizia di particolari tutto ciò che è accaduto dal Dopoguerra in poi. Tuttavia, quanto sarà descritto nelle pagine seguenti sarà un utile strumento per approfondire l'origine storica, politica ed economica dell'Unione europea. Comprendere il *perché* e il *come* siamo giunti all'attuale livello di integrazione è, a mio avviso, un esercizio intellettivo fondamentale per comprendere quali sentieri l'Unione europea dovrà intraprendere in futuro.

1.1. La nascita dell'Unione europea: il ruolo degli Stati Uniti d'America e gli intenti dei Paesi europei (1945 – 1954)

Siamo nel maggio 1945, all'indomani delle Grandi Guerre. L'Europa si sveglia, letteralmente, tra le macerie. La Germania è divisa in due zone d'occupazione: una controllata dai sovietici (la futura Repubblica democratica tedesca) e un'altra "tripartita", sotto il controllo degli alleati statunitensi (la futura Repubblica federale di Germania). Durante la Seconda Guerra mondiale le strutture industriali e civili europee erano state devastate, molte di queste completamente rase al suolo ed era chiaro che, in quel momento, il centro politico e militare del mondo non risiedesse più nel Vecchio continente europeo. Quello che oggi i politologi definiscono "ordine mondiale", infatti, passò dalle mani europee a quelle di due nuovi soggetti che, in maniera più o meno equilibrata, si spartirono il potere mondiale: gli Stati Uniti d'America e l'Unione sovietica. Questo è il contesto storico dal quale la nostra narrazione prende le mosse. Questa è l'Europa dell'"anno zero" dalla quale, come vedremo, germoglierà quella che oggi chiamiamo Unione europea. Parliamo di un'Europa indigente, affamata, povera come mai lo era stata, oltre che percorsa da moti di risentimento e di odio verso la Germania. Inoltre, come se non bastasse, vi erano due temi politici particolarmente ardui da sciogliere: il reinserimento nella vita civile di un quantitativo di militari estremamente rilevante e la forte pressione espansionistica dell'Unione sovietica che arrivava dall'est europeo.

Soprattutto quest'ultimo tema era quello che maggiormente preoccupava gli Stati Uniti d'America. In particolare, fu proprio la minaccia sovietica il motivo per il quale gli USA si sostituirono celermente allo stremato Regno Unito nel ruolo di "tutori" del continente europeo. Se da una parte gli USA si trovarono poco preparati di fronte alla gravosa responsabilità di organizzare la difesa militare del continente europeo, d'altra parte, l'idea di unificare l'Europa sotto il punto di vista politico ed economico sembrava essere una possibilità tendenzialmente realistica: i moti antifascisti avevano coerentemente lottato anche per l'unificazione del continente quale "unico antidoto" al risorgere degli autoritarismi. Pensiamo, a esempio, per l'Italia, alle grandi figure di Altiero Spinelli e di Ernesto Rossi, due giganti antifascisti con matrici politiche diverse (Spinelli era un ex comunista, mentre Rossi era un'esponente del movimento socialista liberale). Questi due uomini, durante la loro detenzione nell'isola di Ventotene, avevano scritto nero su bianco un manifesto per una "Europa federale", un documento che poi sarà conosciuto come il celebre Manifesto di Ventotene. Parallelamente, in Francia, altri personaggi si pronunciarono apertamente per un progetto similare di Federazione europea: Albert Camus ed Emmanuel Mounier; oltre il canale della Manica, in Inghilterra, era sorto sin dagli anni '30 un vivace movimento intellettuale che aveva riflettuto a fondo sulle opportunità e sulle criticità del federalismo europeo: tale idea aveva trovato discreta ospitalità anche nel partito labourista. Altri movimenti a tendenza "europeista", inoltre, esistevano pure in Olanda, Norvegia, Danimarca e Polonia.

Questo sentimento "europeista" – declinato come un interesse a impedire il risorgere di regimi autoritari – convinse gli Stati Uniti d'America, unici reali vincitori delle Grandi Guerre, a pronunciarsi a favore di un'idea, seppur molto astratta, di "Stati Uniti d'Europa", quale formula per il riordino post-bellico del Vecchio continente. Andò così? Non proprio. La riorganizzazione del continente europeo non seguì propriamente la via del federalismo. Piuttosto, si fermò alla ricostruzione istituzionale degli Stati-nazione preesistente al conflitto, gelosi custodi delle loro prerogative. Perché andò così? La risposta è semplice, in una qualche misura attuale ancora oggi: la tradizione storica europea, fortemente caratterizzata dall'avvento degli Stati-nazione, era dura da vincere; il federalismo europeo non poteva, allora, vincere gli apparati burocratici e politici nazionali, i quali ritenevano l'idea dell'unificazione europea un salto nel buio.

Tuttavia, non dobbiamo pensare che un "progetto europeista" non fosse totalmente nelle corde del Vecchio continente. Il drammatico contesto post-bellico e l'inizio della guerra fredda avevano messo in chiaro (e avrebbero continuato a farlo) che un'Europa priva di istituzioni comuni, basata unicamente sulle volontà dei singoli Stati, sarebbe stato un progetto non percorribile. I primi a capirlo furono gli americani. Questi, come dicevamo, erano piuttosto favorevoli all'unificazione economica – si badi bene, non politica – dell'Europa, per una semplice ragione: consci della propria esperienza federale, vedevano questa soluzione quale unico mezzo per fortificare il Vecchio continente, ovviamente con lo scopo di bilanciare la pressione espansionistica dell'Urss. Non a caso, nel decennio che va dal 1945 al 1955 furono gli Stati Uniti d'America i più grandi sostenitori di quelli che oggi potremmo definire i primi tentativi di "integrazione europea". Un esempio per tutti: il celebre Piano Marshall iniziato nel 1947. Questo massiccio programma di aiuti aveva come obiettivo quello di favorire l'integrazione economica dell'Europa e, in prospettiva, quella politica. Ciò perché gli americani avevano compreso che un'Europa impoverita e disunita sarebbe stata facile preda di movimenti insurrezionali comunisti. Il piano Marshall, quindi, prevedeva la fornitura ai Paesi europei di beni – indumenti, alimentari, combustibili, fertilizzanti, mezzi di trasporto – per un ammontare oscillante tra i 20mila e i 22.600 milioni di dollari a prezzi correnti. Tutto ciò, concesso in parte con la formula del prestito, in altra parte sottoforma di assegnazioni gratuite a fronte di precisi impegni sul loro utilizzo. Questo aspetto è particolarmente significativo. Il piano Marshall non nasceva con vena filantropica, bensì mirava a gettare le basi per concretizzare la stabilità economica dell'Europa. Dal canto loro, i Paesi europei interessati dal Piano non rimasero con le mani in mano e, sebbene non in maniera incisiva, provarono a rafforzare le diplomazie nazionali e a trasformare il sostegno economico in un'occasione per creare un'unione politica "europea". Infatti:

- nel settembre del 1946, il premier britannico Winston Churchill si appellava alla riconciliazione franco-tedesca e invitava i Paesi europei alla costituzione di *"un qualche tipo di Stati Uniti d'Europa"*;

- nel dicembre 1946, nasceva a Parigi l'"Unione europeista dei federalisti", che riuniva i movimenti federalisti dell'Europa occidentale;

- nel giugno 1947 nasceva lo *United Europe Movement* nel Regno Unito, che perseguiva una collaborazione intergovernativa tra i Paesi europei;

- nell'agosto del 1947 i federalisti tedeschi si attivarono creando il movimento *Europa Bund*.

Tutti questi movimenti, in particolare, si riunirono dal 7 all'11 maggio del 1948 nell'Aia, in Olanda, dove si svolse la prima solenne manifestazione europeista. Questo primo incontro postbellico tra le neo-tendenze europeiste diede il via ad un importante confronto che portò, l'anno seguente a Londra, alla firma dello statuto del Consiglio d'Europa, un primo organismo consultivo dotato di una propria assemblea. Nonostante la manifestazione europeista diede alla luce un organismo tutt'oggi esistente – il Consiglio d'Europa è sostanzialmente un'arena oratoria sui valori e sulla cultura europei – questo primo sforzo non fu dirimente ed incisivo nel percorso di integrazione europeo. Come vedremo, saranno la pressione della Guerra fredda e la necessità di eliminare le occasioni di contrasto tra i Paesi europei a preparare il terreno fertile per la nascita delle prime vere istituzioni sovranazionali europee.

Ciò che mosse con più incisività i Paesi europei verso forme più o meno organizzate di integrazione economica, infatti, fu la necessità di evitare nuovi possibili motivi di scontro tra la Francia e la Germania. Al riguardo, in particolare, un ruolo decisamente importante lo ebbe il francese Jean Monnet, convinto sostenitore della collaborazione tra Francia e Germania, all'epoca commissario per il piano per la ricostruzione dell'industria francese. Dovete sapere che nei rapporti tra queste due nazioni vi erano alcune questioni ancora "aperte" e da risolvere: (i) lo statuto della regione della Saar, il cui destino era ancora in bilico dopo la fine delle ostilità della Seconda Guerra mondiale; (ii) la ricostruzione tedesca – ed europea – che richiedeva un aumento della produzione del carbone e dell'acciaio tedeschi; (iii) il problema del riarmo della Germania; e (iv) il desiderio di quest'ultima di essere reinserita nello scenario europeo come Stato fra pari, e non come entità "sotto osservazione".

Si trattava di nodi difficili da sciogliere. Eppure, il piano che Jean Monnet ideò fu geniale: porre la produzione e il commercio del carbone e dell'acciaio sotto il controllo di un'autorità sovranazionale indipendente dai governi degli Stati partecipanti. Fu un piano semplice, ma visionario. Il progetto di Jean Monnet fu presentato, poi, dall'allora ministro degli Esteri francese Robert Schuman il 9 maggio del 1950 nel Salone dell'Orologio del Quai d'Orsay, facendo nascere la cosiddetta "Dichiarazione di Schuman", oggi riconosciuta come la prima tappa che, formalmente, diede inizio al percorso evolutivo dell'Unione europea.

Questo momento è straordinariamente importante. Per la

prima volta, i due nemici storici – Francia e Germania – accettarono volontariamente di rinunciare all'industria per sostenere l'economia di guerra, un avvenimento così incredibile che non passò inosservato agli occhi dell'Italia e dei tre paesi del "benelux" (Belgio, Paesi Bassi, Lussemburgo), i quali accettarono – senza alcun indugio – di unirsi alle negoziazioni sulla base della Dichiarazione di Schuman. Solo uno Stato, in particolare, si rifiutò di negoziare qualsivoglia accordo relativo a quanto affermato dal progetto di Jean Monnet: il Regno Unito. Il governo britannico, il governo di Sua Maestà la Regina Elisabetta II, non era ancora pronto ad accettare interferenze sovranazionali nella propria sfera sovrana. Sottostare, in una certa misura, ad un'autorità indipendente e distinta dal parlamento inglese era chiedere troppo. Al riguardo, lo storico inglese Edmund Dell ebbe a dire che con tale atto il Regno Unito abdicò al suo possibile ruolo di leadership in Europa, lasciando che la costruzione della grande casa europea prendesse una via autonoma e potenzialmente ostile agli interessi britannici.

Alla Dichiarazione di Schuman (1950) fece seguito il primo trattato internazionale a fondamento del percorso evolutivo dell'Unione europea: il Trattato di Parigi (1951), che statuì la nascita della "Comunità europea del carbone dell'acciaio" (la c.d. CECA). Con la CECA nasce la cosiddetta "Europa dei sei" – anche detta la "Piccola Europa" – la cui guida fu affidata, all'inizio, proprio a Jean Monnet, nel ruolo di Presidente dell'Alta Autorità. La CECA, composta dalla Francia, dalla Repubblica federale di Germania, dall'Italia e dai Paesi del benelux rappresenta, a ben vedere, la prima organizzazione internazionale "europea" alla base del percorso evolutivo dell'Unione europea. Non è sbagliato considerare l'istituzione della CECA come il momento in cui i paesi europei hanno deciso di "istituzionalizzare" l'Europa e di creare un nuovo "organismo" sovranazionale. Allo stesso modo, non è sbagliato considerare la CECA come un organismo sovranazionale europeo con una funzione unicamente economica, e non politica.

In particolare, la CECA prevedeva il seguente "impianto istituzionale":

(i) un'Alta autorità per l'indirizzo strategico;

(ii) un'Assemblea comune per l'esercizio del controllo politico;

(iii) un Consiglio dei ministri che fungeva da collegamento tra i governi nazionali e l'Alta autorità;

(iv) una Corte di giustizia deputata al controllo giudiziario;

(v) un Consiglio consultivo contenente i rappresentanti dei sindacati, dei produttori e dei consumatori.

L'avvento della CECA rappresenta senza dubbio un avvenimento storico sotto il punto di vista del processo di integrazione dei paesi europei, ma non solo: ciò che è importante rilevare con riferimento alla nascita della CECA, è anche lo schema di ripartizione dei poteri e delle funzioni adottato, il quale diverrà un punto di riferimento per ogni successiva organizzazione comunitaria. Le odierne istituzioni europee, infatti, seppur con le dovute differenze, fanno pienamente riferimento alle istituzioni implementate nel Trattato di Parigi.

Le reazioni alla CECA furono diverse e variegate. Vi si opposero i comunisti, i socialisti, i *trust* dei grossi produttori europei e ci furono grosse perplessità e resistenze nazionalistiche e protezionistiche. Tuttavia, ogni resistenza perse vigore quando si scontrò con il proprio avversario, ovverosia la realtà: la CECA rappresentava la risposta perfetta all'interesse superiore di pacificare il Vecchio Continente e alla pressione economica e politica statunitense finalizzata a creare un Europa che potesse resistere alle mire espansionistiche dell'Unione sovietica.

1.2. L'esercito europeo e gli sviluppi della Comunità Europea per il Carbone e per l'acciaio (1955 – 1964)

Il carbone e l'acciaio rappresentarono solo l'inizio del percorso evolutivo dell'Unione. Dopo il Trattato di Parigi, l'Europa dei Sei pose all'ordine del giorno ulteriori questioni, come, a esempio, il problema della difesa del Vecchio continente. Proprio negli anni in cui a Parigi si negoziava il Trattato per la nascita della CECA, infatti, la Corea del Sud veniva invasa dalle truppe comuniste della Corea del Nord. Ciò non passò inosservato ai Paesi europei che, in quegli avvenimenti – seppur geograficamente lontani – scorsero ciò che sarebbe potuto accadere, ipoteticamente, in Germania, la quale era ancora suddivisa in due blocchi: la Repubblica democratica tedesca (sotto il controllo dei sovietici) e la Repubblica federale di Germania (sotto il controllo degli alleati statunitensi). Sebbene fosse già stato istituito il 4 aprile del 1949, a Washington, il Trattato del Nord Atlantico (la "NATO"), i Paesi europei sapevano bene che senza il riarmo della Germania ovest, ogni difesa dell'Europa occidentale sarebbe stata pressoché vana.

Ancora una volta, furono i francesi a prendere iniziativa. Nell'ottobre del 1950 il Presidente del Consiglio René Pleven lanciò un vero e proprio progetto volto a istituire un esercito europeo per la Piccola Europa: la "Comunità europea di difesa" (CED). L'idea di Pleven era ambiziosa e complessa: istituire la Comunità europea di difesa implicava anche istituire un bilancio comune e, inoltre, individuare un'autorità che ne detenesse il comando operativo. Al fine di evitare pericolosi squilibri interni – nonché un eventuale riarmo tedesco incontrollato – si pensò che tale autorità potesse essere individuata in un comando NATO, e gli Stati Uniti diedero il proprio consenso al riguardo. Tuttavia, la CED toccava un ulteriore ambito particolarmente delicato, squisitamente politico: unificare le forze armate dei futuri Paesi membri della CECA comportava evidentemente la nascita di un nuovo potere politico responsabile di tale forza militare; che fosse in grado, in particolare, di prendere decisioni autonome rispetto agli Stati membri della CED in materia di politica estera e di bilancio. Neanche a dirlo, i movimenti federalisti furono estremamente entusiasti di questo progetto e, una volta istituita la Comunità europea del Carbone e dell'Acciaio, venne formalizzato un incarico all'Assemblea della CECA per redigere uno statuto *ad hoc* per la Comunità Europea di Difesa. Tempo sei mesi e lo statuto fu redatto, ma ciò non fu sufficiente: alla stesura del documento non fecero seguito le ratifiche dell'Italia (per inerzia) e della Francia (la quale mutò la propria posizione al riguardo).

Le motivazioni alla base della mancata ratifica del Trattato per l'istituzione della CED furono essenzialmente due. Innanzitutto, ratificare tale trattato significava perdere pezzi di sovranità su una parte delle proprie forze armate, una richiesta evidentemente troppo pretenziosa per alcuni Paesi. In secondo luogo, si verificarono alcuni eventi contingenti che mutarono lo scenario politico internazionale:

(i) la morte di Stalin nel 1953, la quale fece immaginare risolvibili i problemi della convivenza est-ovest in seno alla Germania;

(ii) l'armistizio tra la Corea del Nord e la Corea del Sud;

(iii) l'andamento catastrofico delle operazioni militari francesi in Indocina.

Questi avvenimenti fecero venir meno all'Italia e alla Francia l'idea che un esercito comune fosse necessario. Grosso errore, verrebbe da dire oggi. Il primo progetto di politica estera e di difesa comune sparì, così, dall'orizzonte europeo. E non se ne parlò più per sessant'anni. Oggi, dopo gli eventi drammatici accaduti in Ucraina, il tema è riemerso in tutta la sua importanza e complessità.

Il fallimento della CED mostrò con tutta evidenza il declino e il velleitarismo che animavano le politiche estere dei singoli Stati europei. Inoltre, il mancato accordo sull'istituzione dell'esercito comune ebbe anche una conseguenza tangibile: gli Stati Uniti dovettero operarsi in maniera molto più penetrante nelle politiche europee interne e, al fine di garantire la difesa della Repubblica federale di Germania, predilessero le relazioni bilaterali con la Germania dell'Ovest. Il tentativo di istituire la Comunità Europea di difesa rappresenta, a mio avviso, una vicenda particolarmente significativa e, in un certo senso, un "caso di scuola". Ciò che caratterizza il primo "fallimento" europeo – se così può essere definito – furono infatti taluni problemi e circostanze che, a ben vedere, rappresenteranno una costante in tutto il percorso evolutivo dell'integrazione europea. Primo fra tutti, il tema della resistenza alla creazione di forti istituzioni sovranazionali da parte degli apparati governativi nazionali, che pure, in una qualche misura, erano consapevoli dei vantaggi che l'integrazione politica avrebbe potuto far conseguire in seguito.

Ad ogni modo, la vicenda della Comunità Europea di Difesa non comportò, tuttavia, l'arresto del percorso evolutivo dell'Unione. I buoni risultati economici che la CECA stava ottenendo, anche grazie al Piano Marshall, dettarono il proseguimento dell'iter istituzionale dell'organizzazione europea, tant'è che di lì a pochi anni, precisamente nel 1955, fu rilanciato il progetto europeista con la "Conferenza di Messina". Tale conferenza, in particolare, diede inizio a una serie di importanti momenti di confronto e di programmazione tra i sei Paesi della

CECA, a seguito dei quali fu sottoscritto il Trattato di Roma, un importante trattato che portò all'istituzione di:

(i) la "Comunità economica europea" (la "CEE"), nel 1957;

(ii) la "Comunità europea per l'energia atomica" (la "CEEA", nota anche come "EURATOM"), nel 1958.

Si tratta di due nuove organizzazioni internazionali, due nuove forme di cooperazione, di cui facevano parte i sei Paesi membri della CECA. La CEE e l'EURATOM erano, in particolare, finalizzate a: (i) abbattere le barriere doganali tra i Paesi europei; (ii) abolire i cartelli commerciali fra i Paesi membri; (iii) far circolare liberamente merci, persone, servizi e capitali nel territorio "comune"; (iv) sviluppare politiche congiunte e reciproche nel campo del lavoro; e (v) far nascere, in prospettiva, strumenti monetari ed economici in comune.

Tali organizzazioni internazionali, dunque, intendevano instaurare un mercato comune tra i Paesi della CECA: un obiettivo difficile, ma sicuramente ambizioso e visionario. Tra l'altro, a differenza della CECA, la CEE e l'EURATOM presentavano un'importante novità rispetto alle costruzioni istituzionali all'epoca conosciute e maggiormente usate: aveva una durata illimitata. Ciò evidenziava, a ben vedere, la volontà dei Paesi europei non già di perfezionare un mero trattato commerciale, bensì di istituire un più solido e profondo legame tra i Paesi sottoscrittori. Nello specifico, i Paesi della Piccola Europa si proponeva di favorire:

"uno sviluppo armonioso ed equilibrato delle attività economiche nell'insieme della comunità, un'espansione continua ed equilibrata, una stabilità accresciuta, un miglioramento sempre più rapido del tenore di vita e più strette relazioni fra gli Stati che a essa partecipano" (art. 2 CEE).

Alcuni osservatori hanno sovente fatto notare che, in realtà, l'aspetto più propriamente politico dell'integrazione europea era destinato a restare ancora sospeso nel limbo dei sogni possibili, così come quello militare e quello relativo a una politica estera comune. Sotto un certo punto di vista questa riflessione è corretta: la Comunità economica europea, così come l'EURATOM, era ben lontana da essere considerata un'unione politica, ove per unione politica si intende un sistema sovranazionale di Paesi, dotato di autonomia, indipendenza, proprie leggi, etc.; d'altra parte, considero ingeneroso non tenere conto, allo stesso tempo, che almeno nei principi le volontà dei Paesi della CECA fossero comunque effettivamente finalizzate ad andare "oltre" l'ambito puramente economico. Il Trattato di Roma del 1957, infatti, in quest'ottica, creò un nuovo impianto istituzionale, così composto:

(i) la Commissione, ideata a partire dall'Alta autorità della CECA. Si trattava di un organo esecutivo, responsabile di proporre leggi, attuare le decisioni e garantire il rispetto dei Trattati;

(ii) l'Assemblea parlamentare europea, ideata potenziando l'Assemblea comune della CECA. Si trattava di un debole organo legislativo, non ancora eletto democraticamente dai cittadini. Partecipava, con un ruolo non troppo vincolante, all'adozione delle leggi della CEE e supervisionava le altre istituzioni;

(iii) il Consiglio, sulla scia del Consiglio dei ministri della CECA, finalizzato a rappresentare le istanze degli Stati membri. Adottava le leggi della CEE e coordinava le politiche degli Stati europei;

(iv) la Corte di giustizia delle Comunità europee, un nuovo organo giurisdizionale comune alla CECA, alla CEE e all'EURATOM.

Sì, evidentemente non si può parlare di unione politica a

tutto tondo. Queste istituzioni non avevano ancora la "forza" che comunemente caratterizza gli organi di un ordinamento per così dire "federale". Tuttavia, allo stesso modo, è doveroso affermare che i Paesi dell'Europa dei Sei, sul piano istituzionale, alcuni passi in avanti li fecero eccome.

1.3. La politica cede (di nuovo) il passo all'economia (1965 – 1984)

Gli anni '60 furono per certi versi dominati dal personalismo del generale Charles De Gaulle, in quegli anni alla guida della Francia. Il generale voleva che la Francia fosse il punto di riferimento per l'Europa comunitaria, e lo voleva al punto tale da opporsi all'ingresso del Regno unito nella CEE. Non solo: il generale De Gaulle aveva evidentemente un'idea meno ambiziosa di "organizzazione europea" e infatti si batté contro la proposta di istituire un sistema di "finanziamenti propri" della CEE per consentirne un miglior funzionamento. Dal suo punto di vista, le istituzioni sovranazionali create con il Trattato di Parigi (1950) e con il Trattato di Roma (1957) non meritavano finanziamenti propri e, quindi, il potere di spesa che ne conseguiva. Il suo pensiero, per così dire, nazionalistico, arrecò qualche battuta di arresto al percorso evolutivo della CEE. In particolare, quando la Commissione della CEE propose di finanziare con risorse proprie le politiche comunitarie, la Francia iniziò ad assentarsi sistematicamente dalle riunioni nelle sedi comunitarie, dando inizio a quella che oggi è conosciuta come la crisi della "sedia vuota". Questa condotta di "blocco" fu portata avanti sino a quando non fu riconosciuto il diritto di uno Stato membro dell'Europa dei Sei di opporsi alle decisioni prese a maggioranza dal Consiglio dei ministri della CEE, laddove queste decisioni ledessero i suoi "interessi vitali". Siamo nel 1965: i nostri cugini francesi portano a casa il principio del diritto di veto a tutela degli "interessi vitali" dei singoli Paesi europei. Un'altra pagina infelice della storia europea, che prese il nome di "Compromesso di Lussemburgo".

Ad ogni modo, mettendo da parte il punto di vista politico, e soffermandoci sul profilo economico, negli anni '60 la CEE si rafforzò molto sul piano finanziario e organizzativo: furono impostate alcune politiche comuni – prima fra tutte la politica agricola europea – e, a seguire, furono eliminate progressivamente le barriere doganali tra i Paesi della CEE (nel 1968 furono completamente eliminate). Poi, negli anni '70, i singoli Stati furono indotti a adottare misure protezionistiche che comportarono un vistoso rallentamento nel processo di integrazione economico. Tali provvedimenti furono adottati a causa delle due pesanti crisi energetiche del 1973 e del 1979, ma, ciononostante, i risultati raggiunti sul piano dell'integrazione economica e, più precisamente, i risultati ottenuti dal mercato interno europeo, condussero ad un traguardo senza precedenti: per la prima volta, l'Europa dei Sei abbracciava altre nazioni del Vecchio continente. Il 1° gennaio 1973, infatti, il Regno Unito, l'Irlanda e la Danimarca entrarono a far parte della CEE, la quale raggiunse quota nove componenti. Non solo. Il ventennio che va dal 1965 al 1984 fu un periodo temporale molto importante anche per altre ragioni:

(i) sotto il punto di vista finanziario le istituzioni europee e i singoli Paesi europei fecero importanti passi in avanti e, nello specifico, costituirono il cosiddetto "Serpente monetario" (1972), e il "Sistema monetario europeo" (lo SME, 1979). Il Serpente monetario e il Sistema monetario europeo, in particolare, si prefiggevano lo scopo di stabilizzare i rapporti di cambio delle diverse valute nazionali e costituirono la preparazione remota della moneta unica europea;

(ii) sotto il punto di vista commerciale e delle relazioni internazionali, il mercato unico rese la Comunità economica europea competitiva e credibile agli occhi esterni: gli Stati Uniti d'America non poterono fare a meno di osservare la crescita del marco a scapito del dollaro; la CEE cominciò a mettere a terra una bozza di politica estera europea comune, sottoscrivendo numerosi accordi internazionali, di natura commerciale. Nello specifico, la CEE stipulò gli accordi di Yaoundé (1963) con n. 18 Stati africani e la Convenzione di Lomé (1975) con n. 46 stati dell'Africa, dei Caraibi e del Pacifico;

(iii) sotto il punto di vista politico, ci fu una vera e propria rivoluzione: nel 1979 si tennero le prime elezioni a suffragio universale del Parlamento europeo (ex Assemblea parlamentare della CEE). È vero che si trattava, in quel momento, di un'istituzione dotata ancora di poteri limitati. Tuttavia, quel momento segnò l'inizio di una nuova stagione politica: il Parlamento europeo aveva acquisito la legittimità del popolo ed era destinato a vedere accrescere le sue funzioni e il suo ruolo negli anni a venire.

Non è tutto: le numerose attività legislative avviate dalla CEE e il delinearsi di un quadro giuridico via via più ordinato ed efficiente indussero anche altri Paesi del mediterraneo a aderire alla Comunità economica europea: nel 1981 aderì la Grecia e nel 1986 fu la volta della Spagna e del Portogallo, che portarono i membri della CEE a dodici.

Ciò comportò due conseguenze. In primo luogo, la Comunità economica europea crebbe in termini di prestigio e di credibilità internazionale, oltre che in termini economici. In secondo luogo, l'allargamento ad altre economie nazionali – differenti da quelle dei Paesi della CECA che già da venti anni erano in cooperazione tra loro – pose la CEE innanzi ad una nuova problematica: bilanciare la Politica agricola comune, fino ad allora incentrata principalmente sulle produzioni dell'Europa del nord.

Il sentiero da seguire, questa volta, non fu segnalato da un francese, bensì da un italiano: Altiero Spinelli. Per uscire dall'immobilismo in cui le istituzioni della CEE erano incappate, Altiero Spinelli e un gruppo di parlamentari europei iniziarono a riunirsi in quello che Spinelli poi ebbe a chiamare il "Club del Coccodrillo", dal nome del ristorante di Strasburgo dove avvennero le prime riunioni. Il Club del Coccodrillo elaborò, sotto la guida di Spinelli, un elaborato progetto di riforma delle istituzioni europee che mirava a riequilibrare i rapporti tra il Parlamento europeo, la Commissione della CEE e il Consiglio dei ministri dell'Unione, in favore dell'organo rappresentativo. Se approvata dai singoli governi nazionali, la riforma Spinelli avrebbe conferito più poteri al Parlamento europeo, avrebbe assicurato un maggiore equilibrio e avrebbe segnato la nascita di un'Unione europea unita su basi più autenticamente federali. Il progetto di Spinelli, putroppo, anche se elaborato dal Parlamento europeo e da esso approvato a larga maggioranza nel febbraio del 1984, non venne preso minimamente in considerazione dai governi dei Paesi membri della CEE, i quali si rifiutarono di ratificare alcun ché.

Tuttavia, non è corretto affermare che, in un certo senso, il tentativo di riforma del Club del Coccodrillo sia rimasto lettera morta. Come vedremo, l'operato di Spinelli e dei suoi colleghi fu tutt'altro che irrilevante, in quanto spianò la strada all' "Atto unico europeo" – e non solo! –, ovverosia al Trattato internazionale che nel 1986 fu sottoscritto dai dodici Paesi europei e che, prendendo le mosse proprio dal progetto di riforma a guida italiana, contribuì fortemente a rimettere al centro delle discussioni del Vecchio continente la cosa più importante: la politica.

1.4. Il sussulto della politica europea (1985 – 2003)

Come si ha avuto modo di vedere, a decorrere dal Trattato di Roma sino all'allargamento a "dodici" della CEE, il Vecchio continente ha assistito a un lento processo di integrazione, per lo più di stampo economico e commerciale. In poco più di trent'anni, la Piccola Europa, nata per mettere in comune la produzione del carbone e dell'acciaio – come pretesto per non farsi più la guerra – si trasformò progressivamente in un gruppo cospicuo di Stati le cui relazioni economiche erano fittissime. Il ventennio tra il 1985 e il 2003, in particolare, era destinato a cambiare radicalmente il passo al percorso evolutivo dell'Unione europea. Sulla scia della riforma Spinelliana che mai vide la luce, furono sottoscritti cinque importantissimi Trattati che ebbero il pregio di inserire nell'agenda europea il tema che per decenni non era mai stato affrontato nel Vecchio continente: il bisogno di politicizzare l'Unione europea.

In particolare, i Trattati in questione sono:

(i) la Convenzione di Schengen (1985);

(ii) l'Atto unico europeo – "AUE" (1986);

(iii) il Trattato di Maastricht (1992);

(iv) il Trattato di Amsterdam (1997);

(v) il Trattato di Nizza (2001).

La Convenzione di Shengen era un trattato volto a istituire una zona geografica, coincidente con l'area dei Paesi sottoscrittori (la cosiddetta "zona Schengen"), in cui fossero completamente eliminati i controlli alle frontiere e i dazi doganali, e in cui fosse agevolata e liberalizzata la circolazione dei cittadini. Per implementare la zona Schengen ci vollero ben dieci anni; infatti, entrò in vigore solo nel marzo del 1995. La zona Schengen è tutt'oggi vigente e, nonostante negli ultimi anni sia stata sospesa –

temporaneamente, in qualche occasione, per avvenimenti legati al terrorismo e all'emergenza migranti – raffigura senza dubbio uno dei tratti più distintivi dell'Unione europea. Ad oggi, la zona Schengen è vigente e rappresenta un presupposto ineludibile per il commercio nel territorio dell'Unione.

L'Atto unico europeo, invece, fu il primo trattato che contribuì a rendere la Comunità economica europea un'organizzazione internazionale più politica. In particolare, l'AUE introdusse importanti modifiche procedurali per snellire i processi decisionali della CEE e, soprattutto, conferì maggiori poteri al Parlamento europeo. Nello specifico:

(i) furono ridotte le ipotesi in cui le decisioni delle istituzioni dovevano essere prese all'unanimità, introducendo voti a maggioranza qualificata;

(ii) il Parlamento europeo acquisì maggiore incisività nei processi per produrre le leggi europee, attraverso due innovazioni: il potere del "parere conforme" e la "procedura di cooperazione". Il potere del parere conforme consisteva nell'obbligo per il Consiglio dei ministri della CEE di richiedere, in talune ipotesi residuali, un parere obbligatorio, non vincolante, al Parlamento europeo. La procedura di cooperazione, invece, consisteva in una nuova procedura per emanare le leggi che prevedeva un sistema di "doppia lettura" delle proposte legislative, da parte del Parlamento e del Consiglio dei ministri. Tale procedura prevedeva che, in talune ipotesi, qualora il Consiglio non avesse accolto gli emendamenti del Parlamento europeo, avrebbe dovuto adottare le proposte in discussione all'unanimità dei suoi componenti.

L'Atto unico europeo non operò, inoltre, solo sul piano

procedurale, bensì anche sul piano delle politiche interne ed esterne della Comunità economica europea. In particolare:

(i) portò a compimento il "mercato interno" istituendo politiche regionali, ambientali e di ricerca, oltre che istituendo un fondo europeo di sviluppo regionale finalizzato a promuovere coesione economica e sociale;

(ii) riconobbe la procedura di cooperazione sul piano della politica estera, che fu per la prima volta definita nei Trattati.

L'AUE, dunque, segna l'avvio di un percorso più propriamente politico della Comunità economica europea. Percorso, poi, continuato con la firma del trattato di Maastricht.

La CEE, ad ogni modo, aveva indubbiamente un impianto ancora di stampo intergovernativo: sebbene la Commissione europea avesse iniziato ad acquisire consapevolezza del proprio ruolo e, di conseguenze, avesse iniziato ad operare anche con politiche programmatiche di medio periodo, il Parlamento europeo – l'unica istituzione democraticamente eletta dai cittadini – era ancora confinato ai margini delle discussioni che importavano davvero; le figure "apicali" della CEE, ovverosia i Presidenti della Commissione e del Parlamento europeo erano, di fatto, subordinati al potere dei Presidenti del Consiglio delle varie Nazioni, i quali erano, di fatto, i signori dei Trattati; anche i poteri introdotti a favore del Parlamento europeo non avevano un carattere dirimente, oltre a essere disponibili in un numero residuale e circoscritto di ipotesi. Infine, i Trattati della CEE sancivano nero su bianco, ancora, un sistema di produzione legislativa estremamente farraginoso.

Fu in questo contesto, tuttavia, che qualche anno dopo la firma dell'Atto unico europeo, il francese Jacques Delors maturò un progetto volto a istituire una sorta di "comunione monetaria" tra gli Stati membri. Il progetto, che nasceva quale evoluzione del Sistema economico europeo e del Serpente monetario, prese il nome di "Unione economica e monetaria" (UEM) e si prefissò lo scopo di creare un sistema economico più interconnesso, trasparente, affidabile; capace, in ultima istanza, di sostenere maggiormente le imprese e i cittadini dell'Unione e di contribuire allo sviluppo della Comunità economica europea nel suo insieme. Nel dettaglio, l'UEM consisteva in un piano ambizioso, articolato in tre fasi distinte:

(i) la liberalizzazione dei capitali e un maggiore coordinamento delle politiche economiche tra i singoli Stati membri;

(ii) la creazione di un istituto deputato a rafforzare il processo di convergenza monetaria (la Banca Centrale Europea);

(iii) l'effettiva entrata in vigore della moneta unica nel gennaio del 2002.

Con l'istituzione dell'UEM, la Comunità economica europea stava assumendo sempre più un carattere sociale e politico, oltre che economico. Ed è questo lo spirito che guidò gli Stati membri della CEE, il 7 febbraio del 1992 – tre anni dopo la storica caduta del Muro di Berlino, simbolo della fine della divisione dell'Europa in due blocchi – a sottoscrivere il Trattato di Maastricht, anche noto come il "Trattato sull'Unione europea". La firma di questo trattato segna un momento estremamente importante della storia europea e, infatti, consiste in una delle tappe più importanti del percorso evolutivo dell'Unione. Invero, questo trattato compì innanzitutto un'operazione di razionalizzazione: la CECA, l'EURATOM e la CEE furono "assorbite" da un'organizzazione nuova e unica: l'Unione europea. Sì, è questo trattato a far nascere l'Unione europea come la conosciamo noi oggi. Il trattato di Maastricht comportò, però, molto altro e, in particolare:

(i) nuove regole istituzionali volte a creare un ordinamento più democratico e politico;
(ii) nuove regole finanziarie mirate a garantire la stabilità economica degli Stati membri;
(iii) ulteriori sviluppi delle politiche interne ed esterne dell'Unione europea.

Con riferimento alle regole istituzionali, come si diceva, già l'Atto unico europeo aveva mosso qualche passo in avanti. Con questo nuovo trattato, tuttavia, vennero ulteriormente ampliati i poteri dell'organo rappresentativo – il Parlamento europeo –, legittimando, così, un suo più forte coinvolgimento nel processo di formazione delle leggi comunitarie: l'AUE aveva introdotto la cosiddetta "procedura di cooperazione" tra Parlamento e Consiglio dei ministri della CEE; il trattato di Maastricht introdusse la "Procedura di codecisione", una procedura che, come avremo modo di approfondire in seguito, garantisce un ruolo nettamente più incisivo al Parlamento europeo. Con riferimento alle nuove regole economiche, il trattato di Maastricht elaborò i celebri "parametri di Maastricht", indicatori finalizzati a porre le basi per favorire i processi economici e politici in corso tra i Paesi membri dell'Ue, con un occhio di riguardo anche al prevedibile allargamento dell'Unione europea verso est. I parametri erano cinque e richiedevano agli Stati membri il rispetto di alcuni indicatori, alla fine dell'ultimo esercizio di bilancio. Tali indicatori, in particolare, erano:

(i) deficit di bilancio: il deficit di bilancio annuo di un Paese non doveva superare il 3% del suo PIL;

(ii) debito pubblico: il debito pubblico di un Paese non doveva superare il 60% del suo PIL;

(iii) inflazione: il tasso di inflazione annuo non doveva superare di più dell'1,5% il tasso di inflazione medio dei tre Paesi membri con la migliore *performance* in termini di stabilità dei prezzi;

(iv) tassi di interesse: i tassi di interesse a lungo termine non dovevano superare di più del 2% il tasso di inflazione medio dei tre Paesi membri con la migliore *performance* in termini di stabilità dei prezzi;

(v) stabilità dei tassi di cambio: gli Stati membri dovevano partecipare al "Sistema Monetario Europeo" per almeno due anni senza deprezzare la propria valuta rispetto alle altre valute vigenti in Europa.

Per quanto riguarda gli sviluppi delle politiche dell'Unione europea, il trattato di Maastricht sancì la nascita di un ordinamento fondato non solo sulle politiche che avevano contraddistinto la CECA, la CEE e l'EURATOM, bensì anche su due nuovi pilastri: la politica estera e di sicurezza comune (la PESC) e la cooperazione in materia di giustizia e affari interni (la GAI). Queste due politiche segnano un traguardo politico senza precedenti: le istituzioni europee iniziano finalmente a occuparsi di politica estera e di cooperazione giudiziaria, per conto degli Stati membri.

L'AUE e il Trattato di Maastricht, inoltre, introdussero nei testi dei rispettivi Trattati un importante e inedito assetto valoriale. Compaiono, nel preambolo o in apposite sezioni, i valori ispiratori dell'Unione europea, ovverosia la "promozione della democrazia", la "difesa dei diritti umani", l'"uguaglianza dei cittadini", la "giustizia sociale" e l'"indipendenza dell'Europa", intesa come realtà politica unitaria, e non più come un semplice insieme di Stati. Il Trattato di Maastricht, dunque, dà per assodato, in un certo senso, il percorso di integrazione economica; certamente continua ad implementarlo, perseguendo l'unione monetaria; ma ciò che lo caratterizza è l'importanza data all'assetto politico, identitario e valoriale dell'Unione europea, lanciando, del resto, un chiaro messaggio sulla scena internazionale: *"noi siamo l'Unione europea e i nostri cittadini sono europei. Noi abbiamo questi valori, e abbiamo deciso di vivere in uno spazio geografico contraddistinto dalla libertà, dalla sicurezza e dalla giustizia: qui le persone, le merci, i servizi e i capitali circolano liberamente, ma si osservano anche misure appropriate per quanto concerne i controlli alle frontiere esterne, l'asilo e la lotta alla criminalità"*. Tutto questo era estremamente attrattivo, e l'Unione europea lo sapeva bene. Non è un caso, infatti, che la neocostituita Unione europea si dotò immediatamente di una tabella di marcia per allargare il perimetro dell'Unione, consentendo, nel 1995, l'ingresso nell'Ue dell'Austria, della Finlandia e della Svezia, raggiungendo quota quindici Stati.

Gli avvenimenti successivi all'allargamento del 1995 furono particolarmente influenzati da alcune vicende che riguardarono la politica interna inglese, francese e anche italiana. In Gran Bretagna i membri del Partito Laburista guidato da Tony Blair intrapresero il progetto politico denominato *New Labour*, segnando una rottura con la tradizione laburista più tradizionale (l'*"Old Labour"*). In particolare, mentre l'*Old Labour* era spesso associato ad approcci più marcatamente socialisti, con una forte enfasi sull'uguaglianza economica e sociale, nonché sulla nazionalizzazione di settori chiave dell'economia (come il carbone, l'energia e i trasporti), i labouristi blairiani adottarono un approccio più "centrista", orientato al libero mercato, con un maggiore coinvolgimento del settore privato nell'economia e una minore enfasi sull'intervento statale. Questo approccio politico generò sia consenso che critiche all'interno del Partito Laburista e nella società britannica nel suo complesso. Tuttavia, Blair spodestò i *Tories* di John Major, il partito conservatore, e ricoprì l'incarico di Primo Ministro del Regno Unito dal 1997 al 2007. In Francia, le elezioni politiche del 1997 vedevano trionfare la coalizione guidata dal socialista Lionel Jospin, inaugurando, tuttavia, una difficile fase di "coabitazione": Jospin ricoprì la carica di Primo Ministro della Francia, ciononostante dovette fare i conti con il fatto che la presidenza francese era ancora detenuta da Jacques Chirac, esponente del centro-destra, che aveva vinto le elezioni presidenziali nel 1995 (questo perché il Primo Ministro e il Presidente della Repubblica sono figure distinte nel sistema istituzionale francese). Questa "coabitazione" tra il governo di sinistra e la presidenza di centro-destra portò a diverse tensioni politiche e istituzionali, tuttavia il governo guidato da Jospin, nonostante le difficoltà, riuscì a implementare alcune riforme importanti del suo programma, come a esempio la riduzione dell'orario di lavoro a 35 ore settimanali. Nello stesso tempo, in Italia, l'Ulivo guidato da Romano Prodi sconfisse alle urne Silvio Berlusconi (1996), ribaltando l'euroscetticismo dell'allora ministro degli Esteri Antonio Martino.

La svolta "più a sinistra" della Gran Bretagna, della Francia e dell'Italia si scontrò con l'impostazione – un po' tedesca, potremmo dire – in materia economica, perseguita fino ad allora. Si delinearono, in sintesi, due linee programmatiche di politica economica: da una parte, il rigoroso mantra della stabilità monetaria professata dalla Banca Centrale tedesca; dall'altra, il forte desiderio di costruire un'Unione europea più sociale e attenta ai temi politici dell'occupazione e del lavoro, promossa soprattutto dal Primo Ministro Jospin. Il confronto tra le due visioni politiche si svolse al vertice europeo di Amsterdam, nel giugno del 1997, dove l'impostazione tedesca abdicò nei confronti della visione francese, che ebbe l'appoggio dell'Italia. Francesi e italiani, invero, si erano accorti che ai rigidi Parametri di Maastricht, che costituivano il cosiddetto "Patto di stabilità", non era stato affiancato un patto sulla crescita e l'occupazione, al fine di smussarli e renderli più efficienti. Così, Jospin e Prodi pretesero, e ottennero, l'inserimento nel nuovo trattato dell'Unione europea – il Trattato di Amsterdam – di una "carta sociale" e di una nuova sezione (il "titolo ottavo") incentrato sul tema del lavoro e dell'occupazione. Anche se tali iniziative non riscontrarono nell'immediato un seguito in termini di risorse di bilancio, l'impegno politico fu degno di nota. Nel giro di un quinquennio, con il Trattato di Maastricht (1992) e il Trattato di Amsterdam (1997), l'Unione europea pose sotto la propria lente di osservazione anche e soprattutto il tema dell'integrazione politica e sociale dell'Unione.

Gli anni successivi al Trattato di Amsterdam furono contraddistinti da due importanti avvenimenti:

(i) l'Unione economica monetaria (UEM) entrò nel suo stadio finale, ovverosia la cosiddetta "terza fase" deputata a trasformare l'euro da semplice moneta contabile a oggetto quotidiano nella vita di tutti noi cittadini. Dal 1° gennaio del 1999, infatti, tutti i Paesi europei – ad eccezione della Danimarca, del Regno Unito e della Svezia, le quali ottennero una deroga – adottarono l'euro quale moneta istituzionale dell'Unione. Questo avvenimento rappresentò una delle tappe più importanti del processo di integrazione economica dell'Unione europea. Sotto un certo punto di vista, inoltre, questo momento segnò il raggiungimento anche di un importante punto politico: la costruzione dell'UEM richiedeva un caro prezzo, ovverosia la cessione di pezzi della propria sovranità; adottare l'euro voleva dire sottostare alla politica monetaria della Banca centrale europea (BCE), un'istituzione indipendente dai Paesi membri;

(ii) i quindici Stati membri si riunirono nel 2001 a Nizza per sottoscrivere un ulteriore passo in avanti nel percorso evolutivo dell'Unione europea: il Trattato di Nizza. Questo trattato apportò significative modifiche ai precedenti Trattati di Maastricht e di Amsterdam, al fine di adeguare le istituzioni europee ad un ulteriore allargamento dell'Unione Europea. Nello specifico, il Trattato di Nizza: (i) modificò le disposizioni di voto nel Consiglio dell'Unione Europea, ampliando il numero di casi in cui procedere a maggioranza qualificata; (ii) ridistribuì il numero di seggi nel Parlamento europeo, garantendo una rappresentanza più equa e proporzionale di un'Unione europea eventualmente ancora più numerosa; (iii) ridusse il numero di procedure di cooperazione e codecisione, al fine di semplificare i procedimenti decisionali.

Il Trattato di Nizza, inoltre, rappresentò un passo in avanti significativo dal punto di vista politico per due ulteriori ragioni: (i) l'approvazione della Carta dei diritti fondamentali dell'Unione europea, e (ii) l'avvio di un dibattito sull'opportunità di dotare l'Unione europea di una propria Costituzione. Come vedremo a breve, il primo avvenimento fu un successo. Il secondo, un grande fallimento.

La Carta dei Diritti dell'Unione Europea fu un documento solenne approvato nel 2000, a Nizza, che segnava un importante passo in avanti nell'ambito della tutela di alcuni interessi ritenuti "fondamentali" per i cittadini europei. In particolare, la Carta dei Diritti dell'Unione Europea è un documento tutt'oggi vigente che individua e tutela un insieme di diritti e princìpi indispensabili in favore dei cittadini dell'Unione. Nello specifico, alcuni dei principali diritti garantiti dalla Carta includono: il diritto alla vita; il diritto alla dignità umana; il diritto alla libertà e alla sicurezza; il diritto alla privacy; il diritto alla libertà di espressione e di informazione; il diritto alla giustizia. L'adozione di questa Carta rese possibile invocare il rispetto dei diritti ivi sanciti innanzi alle istituzioni giudiziarie dell'Unione e dei suoi Stati membri; per questo, ebbe un ruolo tutt'altro che formale: nel 2009, a seguire, la Carta dei Diritti dell'Unione Europea fu resa dal Trattato di Lisbona un vero e proprio documento giuridicamente vincolante, addirittura con lo stesso "valore" dei Trattati istitutivi dell'Unione europea. Insomma: gli Stati membri e le istituzioni dell'Unione non potevano non rispettare e le tutele ivi indicate e, inoltre, dovevano impegnarsi a garantirle ove non fossero ancora riconosciute. L'approvazione della Carta dei Diritti dell'Unione Europea, dunque, rappresentò un importante momento "politico" del processo evolutivo dell'Unione, che contribuì a consolidare l'identità europea basata sui valori di democrazia, libertà e dignità umana.

Con riferimento al tentativo di munire l'Unione europea di una propria costituzione, nel giugno 2003 il Consiglio europeo istituì una conferenza intergovernativa, presieduta dall'ex Presidente della Repubblica Francese Valéry Giscard d'Estaing e, a seguire, furono avviati i lavori per redigere una "Costituzione europea". La Conferenza lavorò assiduamente per circa un anno, coinvolgendo rappresentanti dei governi nazionali, del Parlamento europeo e delle Commissione europea, nonché rappresentanti della società civile: il progetto di Costituzione europea era imponente e, comunque, finalizzato a sostituire i Trattati esistenti dell'Unione Europea con un unico testo fondamentale, al fine di razionalizzare e dare un senso alla molteplicità di norme che si erano susseguite nel tempo, accavallandosi e integrandosi, fino al trattato di Nizza. A ben vedere, il progetto non si prefiggeva di creare un "super Stato" sovrano, quanto più di compiere un lavoro di precisione, volto a dare un carattere definito e organico al coacervo di norme dell'Unione, tenuto conto della crescente influenza globale che aveva iniziato a esercitare.

Il Progetto d'Estaing fu presentato il 18 luglio 2004, ma, a seguire, incontrò una seri di ostacoli: numerosi Stati membri dell'Unione organizzarono referendum per ratificare il trattato e, tra questi, nei Paesi Bassi e in Francia – due dei Paesi fondatori dell'Unione – i referendum si conclusero con un voto contrario, facendo conseguire l'arenamento del progetto costituzionale.

Per quanto ciò che accadde significò una forte battuta d'arresto – l'ennesima, verrebbe da dire –, gli Stati membri sostenitori del Progetto d'Estaing non mollarono la presa. Di lì a pochi anni, infatti, negoziarono nuove proposte di modifica dei Trattati, che condurranno all'adozione di un nuovo – e ultimo – trattato: il Trattato di Lisbona. Come vedremo, questo nuovo trattato sancirà diverse disposizioni sostanziali del Progetto d'Estaing, pur evitando l'adozione di una costituzione formale.

1.5. Il grande allargamento dell'Ue e l'attuale stato del processo evolutivo dell'Unione (2004-2024)

Il 2004 è una data da tenere a mente non solo per via del fallimento del Progetto d'Estaing, ma anche per l'inizio del più grande allargamento che l'Unione europea abbia mai visto. Ricorderete che già con il Trattato di Nizza qualcosa bolliva in pentola: gli Stati membri avevano modificato i Trattati dell'Unione affinché si dotasse di procedure idonee a far funzionare un'organizzazione quantitativamente più numerosa. Ebbene, nel periodo che intercorre tra il 2004 e il 2013 l'Unione europea è passata da quindici Paesi membri a ventotto Stati membri. Ripeto: da quindici a ventotto Paesi, in appena un decennio. Tale allargamento ha rappresentato un cambiamento epocale, sotto due distinti profili: (i) da un punto di vista geografico, l'Unione allargò massicciamente il proprio perimetro e, contestualmente, aumentò l'area e l'efficacia della zona Schengen; (ii) da un punto di vista geopolitico, l'Unione compì un passo in avanti di qualità, acquisendo una maggiore massa critica in ottica geopolitico e mutando, quindi, la percezione che il resto del mondo aveva di lei. Del resto, anche con riferimento ai precedenti allargamenti avvenuti, nulla di simile era minimamente comparabile: il primo allargamento, avvenuto nel gennaio del 1973, vide la CEE passare dall'Unione dei Sei a un'organizzazione di nove membri. In quel caso, Regno Unito, Irlanda, e Danimarca aumentarono le potenzialità commerciali della Comunità rendendola, di fatto, molto più competitiva a livello commerciale; i successivi allargamenti, ovverosia quelli relativi alla Grecia (1981), e alla Spagna e al Portogallo (1986), non avevano squilibrato troppo le dinamiche interne della Comunità, ridimensionando, al più, il ruolo delle produzioni agricole nordiche a favore di quelle più propriamente mediterranee; a seguire, anche l'ingresso dell'Austria, della Svezia e della Finlandia (1995) non causò particolari scossoni economici interni, fermo restando che contribuirono a aumentare, in termini assoluti, i valori commerciali dell'Unione. L'allargamento di cui stiamo trattando ora, invece, è di tutt'altro rilevanza, sia in termini economici, sia in termini politici e sociali (e, come vedremo, non parliamo sempre di valori positivi).

Ad ogni modo, il "grande allargamento" del periodo 2004-2013 fu così scandito:

(i) nel 2004 aderirono l'Estonia, la Lettonia, la Lituania, la Polonia, la Repubblica Ceca, la Slovacchia, l'Ungheria, la Slovenia, Cipro, Malta;

(ii) nel 2007 aderirono la Bulgaria e la Romania;

(iii) nel 2013 aderì la Croazia.

L'ingresso di questi Paesi nell'Unione europea – ancorché auspicato dalla comunità internazionale degli Stati – significò innanzitutto uno sforzo di "riequilibrio" senza precedenti. Invero, i nuovi arrivati si presentarono con diversità "economiche" molto accentuate rispetto agli Stati già membri dell'Unione, nonché con problematiche finanziari che l'Unione, in un certo senso, aveva sottovalutato. I nuovi arrivati non apportarono un immediato rafforzamento commerciale o economico dell'Unione, come fecero, a loro tempo, la Grecia, la Spagna e il Portogallo; a ben vedere, invece, queste nazioni avevano da chiedere più di quanto potevano dare. Alcuni dati, in particolare, possono rendere l'idea della differenza, in termini economici, che intercorreva tra gli Stati membri e i nuovi arrivati.

Prendendo a riferimento i dati del 1999 relativi al PIL pro capite dei Paesi membri, e considerando come valore medio "100", si osserva che i quindici Paesi allora membri dell'Unione si collocavano in un range che va da 69 (del Portogallo) a 189 (del Lussemburgo). In particolare, solamente tre Paesi erano sotto il detto valore medio: la Spagna (con valore 84), il Portogallo (con valore 69) e la Grecia (con valore 69); tutti gli altri Paesi si collocavano al di sopra. Questo per dire che sì, anche durante il "primo allargamento" i nuovi arrivati erano economicamente "al di sotto" della media europea in termini di prodotto interno lordo pro capita; tuttavia, ad esclusione della Grecia, questi non erano troppo distanti dai valori europei. Se, invece, si compie lo stesso studio con i dati aggiornati al 2013, tenendo sempre come valore medio "100", si nota come le new entry erano contraddistinte da valori ben inferiori: (i) la Lettonia, la Lituania, la Bulgaria, la Croazia, la Romania e la Polonia si collocavano intorno al valore 30; (ii) l'Estonia e la Slovacchia intorno al valore 40; (iii) Malta, l'Ungheria e la Repubblica Ceca in un range tra il 55 e il 60; (iv) Cipro e la Slovenia sopra il valore 70. Detto in altre parole: sotto il punto di vista del PIL pro capite nazionale, la situazione era realisticamente allarmante. L'Unione europea aveva accolto nel proprio mercato europeo tredici economie nazionali piuttosto deboli, prendendosi l'onere di raddoppiare il reddito di circa 120 milioni di persone.

Ulteriormente a questo aspetto economico, l'allargamento a ventotto produsse un'altra serie di "controindicazioni", tra cui:

- un impatto sulle politiche di coesione e sviluppo implementate in quegli anni. Pensate che, nei primi anni 2000, una nazione o una regione geografica dell'Unione, per ottenere degli aiuti strutturali, doveva avere un reddito medio non superiore al 75% del valore medio europeoa. L'ingresso di tredici economie, con redditi notevolmente più bassi della media europea, fece conseguire una nuova "mappatura" delle aree bisognose, facendo diventare più "ricche" zone geografiche che, fino a pochi mesi prima dell'ingresso delle new entry, erano zone considerate economicamente bisognose;

- un problema relativo alle differenze nel campo della formazione scolastica e accademica, nonché legato alla necessità di adeguare il sistema sanitario e previdenziale;

- la diversificazione delle produzioni industriali. Ciò, in particolare, portò alla chiusura di impianti meno convenienti, producendo, quindi, ulteriore disoccupazione. Disoccupazione che, ad ogni buon conto, andava affrontata dalla Commissione europea, non certo da chi la subiva.

La più grande criticità che emerse con l'allargamento a ventotto, tuttavia, fu l'aspetto culturale. Molti Paesi tra quelli aderenti all'Unione erano storicamente molto differenti dagli Stati membri già componenti della CEE e, per questo, non erano culturalmente "pronti" a cedere parti della propria sovranità ad un organismo sovranazionale. Ciò può sembrare assurdo, tenuto conto che i tredici Paesi aderenti all'Ue sottoscrissero i Trattati dell'Unione per aderirvi, ma è proprio così: sin dal primo momento in cui iniziarono a far parte della grande Casa europea, i Paesi dell'Europa dell'est non abbandonarono il loro radicato sentimento nazionalista – decisamente poco europeista – che li rendeva estremamente diffidenti da qualsivoglia richiesta di cessione di autonomia. Questo, anche innanzi a problemi complessi e "globali", come a esempio i moti migratori, che possono essere affrontati efficacemente solo in via cooperazione tra Stati.

Se si pensa al fatto che tutt'oggi Paesi come la Polonia e l'Ungheria rappresentano un grosso freno allo sviluppo economico e politico dell'Unione europea – da ultimo, per esempio, hanno posto il veto, numerose volte, all'adozione del *Next Generation UE*, ovverosia il trattato che ha concesso all'Italia di avviare il famoso "PNRR" –, non si può fare a meno di interrogarsi su quale direzione potrà prendere, in futuro, il processo di allargamento dell'Unione europea. Sicuramente le complicanze e le difficoltà non possono giustificare, da sole, la bocciatura o, in generale, la messa in discussione del processo di allargamento dell'Ue; tuttavia, sarebbe saggio che la Commissione europea valutasse approfonditamente i prossimi passi da seguire in materia di espansione della zona europea, soprattutto al fine di tutelare i valori europei di libertà, pace e democrazia che contraddistinguono l'animo degli Stati membri. Al riguardo, i Paesi che hanno avanzato domanda di adesione – la Turchia, la Macedonia del nord, l'Islanda, il Kosovo e il Montenegro – potrebbero, a ben vedere, presentare un'identità non del tutto compatibile con gli ideali europei e, pertanto, se inseriti nel nostro sistema di valori, potrebbero dimostrare tendenze illiberali, scomposte e dannose per tutto l'impianto economico, sociale e giuridico dell'Unione: già ci bastano i nostri *cari* amici dell'est Europa. Il processo di allargamento dell'Unione, dunque, dovrebbe essere perseguito in un'ottica sia di responsabilità che di opportunità e, soprattutto, non dovrebbe ubbidire solo alle leggi del clamore politico o della *"storia che si deve fare"*. Per dirla in maniera brutale: non sta scritto da nessuna parte che il processo di integrazione europea da Gibilterra ai Monti urali sia una necessità storica. Anzi, ogni passo in questa direzione deve essere ben ponderato, avendo riguardo non solo agli interessi economici e alle leggi di mercato, bensì ai riferimenti culturali, come le lingue e la filosofia, e ai sistemi giuridici e politici adottati.

Una prima analisi relativa ai i valori, ai diritti e ai doveri europei era già stata avviata, come abbiamo visto, con l'adozione della Carta dei diritti fondamentali dell'Unione europea, nonché con il tentativo di redigere una costituzione europea. Tuttavia, alla Carta non era stato concesso un forte riconoscimento giuridico, e il progetto di ingegneria costituzionale era miseramente fallito. Fortunatamente, non dovettero passare molti anni per far sì che gli Stati membri provarono nuovamente a rafforzare politicamente l'Unione europea. Nel dicembre del 2007, infatti, gli Stati membri misero una pietra sopra ai precedenti fallimenti, sottoscrivendo un nuovo trattato: il Trattato di Lisbona. Questo nuovo trattato, entrato in vigore nel gennaio del 2009, ridisegnò l'Unione europea, trasformandola nell'ordinamento che, al giorno d'oggi, è vigente. Nel merito, il Trattato di Lisbona portò una serie di innovazioni estremamente importanti; riammodernò la grande casa europea, aprendo finestre più ampie sulla democrazia. Fuor di metafora, le novità più significative del Trattato di Lisbona furono cinque:

(i) la riforma istituzionale: il Trattato rafforzò i poteri del Parlamento europeo, al fine di rendere l'Unione più democratica, e istituì la figura del Presidente del Consiglio europeo, al fine di dare una solida guida all'istituzione che rappresentava i Governi nazionali;

(ii) la riforma dei processi decisionali: il Trattato estese l'uso della maggioranza qualificata, a discapito del voto all'unanimità, il quale, tuttavia, rimase in una serie di competenze rilevanti;

(iii) il rafforzamento della Carta dei diritti fondamentali dell'Unione europea: il Trattato elevò il valore giuridico della Carta, rendendola vincolante e concedendole un rango giuridico pari a quello dei Trattati istitutivi;

(iv) il miglioramento della cooperazione in seno all'Unione: il Trattato istituì alcuni meccanismi per favorire la cooperazione tra Stati membri, al fine di evitare il totale coinvolgimento dei Paesi membri, e rendendo più agevole, di fatto, implementare politiche di sviluppo e di assistenza in talune aree geografiche europee;

(v) il rafforzamento della rappresentanza esterna: il trattato istituì la figura dell'Alto Rappresentante dell'Unione per gli Affari Esteri e la Politica di Sicurezza e creò il Servizio europeo per l'azione esterna, al fine di rafforzare le competenze dell'Unione in materia di politica estera;

Una peculiarità del Trattato di Lisbona, inoltre, è che, nella sua stesura definitiva, esso contemplava due distinti documenti: il "Trattato sull'Unione Europea" (il cosiddetto "TUE"), costituito da 55 articoli; e il "Trattato sul funzionamento dell'Unione europea" (il cosiddetto "TFUE"), costituito da n. 358 articoli. Entrambi i Trattati hanno eguale valore giuridico, sono interdipendenti e, congiuntamente, costituiscono il quadro giuridico fondamentale dell'Unione europea oggi vigente. In particolare, il TUE stabilisce gli obiettivi e i princìpi generali dell'Unione europea, con particolare riferimento ai suoi valori, alle sue competenze e al funzionamento degli organi istituzionali; il

TFUE, invece, dettaglia il funzionamento dell'Unione europea, declinando le competenze dell'Unione nei vari settori, le procedure decisionali, le politiche comuni, nonché i ruoli e le responsabilità delle istituzioni. Nel proseguo del libro, ogni volta che analizzeremo un principio di diritto, il funzionamento di una istituzione europea o, più in generale, una qualsiasi norma europea, questa farà riferimento al TUE o al TFUE.

La sottoscrizione del Trattato di Lisbona segnò l'ultimo passo in avanti "istituzionale" dell'Unione europea e, dunque, il termine del percorso evolutivo dell'Unione, inteso in senso stretto. Invero, non sono mai avvenute, a seguire, ulteriori modifiche del TUE e del TFUE.

A ben vedere, tuttavia, ciò non significa che l'Unione, dal 2009 sino ad oggi, non abbia vissuto "scossoni" politici e istituzionali. Anzi, direi l'esatto contrario: all'opposto, i recenti quindici anni sono stati contraddistinti da un concentrato di avvenimenti estremamente dirompenti, spesso imprevedibili e – sempre – particolarmente complessi da governare. In ordine cronologico, l'Unione europea *post* Trattato di Lisbona si è trovata ad affrontare:

1. una crisi finanziaria ed economica (2008). Appena un anno dopo la sottoscrizione del Trattato di Lisbona, numerosi Stati membri dell'Unione europea furono brutalmente danneggiati dalla crisi finanziaria globale, sorta oltreoceano. Il sistema europeo delle banche centrali (SEBC) e la stabilità finanziaria dell'Unione nel suo complesso furono messi a dura prova, con conseguenze significative in termini di occupazione e di crescita economica. Questa crisi, oltre che ad aver evidenziato le debolezze strutturali dell'Unione economica monetaria, condusse gli Stati membri ad apportare riforme significative nel sistema finanziario e nella governance economica dell'Unione, come: la creazione del

Meccanismo Europeo di Stabilità (il "MES"); il rafforzamento del Patto di Stabilità e Crescita e dell'Unione bancaria europea; e l'accrescimento della cooperazione economica e coordinamento delle politiche;

2. una grave crisi migratoria (2015 – in corso). A decorrere dal 2015, l'Unione europea si è trovata innanzi a una delle crisi migratorie più destabilizzanti della sua storia recente; ha dovuto far fronte a massicci flussi di migranti e di rifugiati provenienti da regioni in conflitto, come il Medio Oriente e l'Africa. Questo grave e complesso avvenimento, che affonda le proprie radici in problematiche geopolitiche, sociali e anche di natura filosofico-culturale, ha evidenziato con nettezza le divisioni interne in seno al Consiglio europeo, l'istituzione che riunisce i Capi di governo dei Paesi membri. In particolare, nel quadriennio successivo, gli Stati membri: (i) non riuscirono ad attivare politiche di accoglienza e integrazione ad ampio respiro; (ii) si mossero individualmente, con fare incerto, al fine di placare sussulti di politica interna; (iii) sollevarono importanti problematiche con riferimento al rispetto dei valori e delle norme costitutiva dell'Unione europea;

3. una stagione terroristica (2015-2020). Negli stessi anni in cui si trovò a far fronte alla crisi migratoria, l'Unione europea fu colpita da una serie coordinata di attacchi terroristici, spesso rivendicati dall'ISIS, un'organizzazione terroristica estremista. In particolare, tra gli altri: (i) nel novembre 2015, a Parigi, morirono all'incirca n. 130 persone a seguito dell'attacco terroristico al teatro Bataclan; (ii) nel marzo 2016, a Bruxelles, alcuni attacchi terroristici suicidi furono condotti all'aeroporto di Zaventem e nella stazione della metropolitana di Maelbeek, causando la morte di n. 32

persone, nonché il ferimento di centinaia di altre; (iii) durante il 2016, a Nizza (luglio) e a Berlino (dicembre), un camion investì e uccise, rispettivamente, n. 86 persone e n. 12 persone; (iv) nel 2018, a Strasburgo un uomo armato aprì il fuoco su un mercato di Natale, uccidendo n. 5 persone; (v) nel 2020, a Vienna, un attentatore armato sparò tra le strade del centro, uccidendo n. 4 persone. L'Unione europea ha avviato una lotta al terrorismo implementando una forte cooperazione internazionale e investendo in misure di sicurezza e intelligence;

4. la Brexit (2016-2020). Nel 2016, i cittadini del Regno Unito hanno votato in maggioranza per il "*leave*", in un apposito referendum, causando l'uscita del Regno Unito dall'Unione europea. Questo avvenimento, come avremo modo di vedere più avanti nel libro, ha rappresentato un momento enormemente difficoltoso per l'Unione, dato che mai nel percorso evolutivo dell'Ue si era verificato un avvenimento simile. In particolare, sono stati avviati dei negoziati estremamente complessi e, solo nel 2020, il Regno Unito è formalmente "fuori" dall'Unione europea;

5. la crescita del nazionalismo e dell'euroscetticismo (2010-2018). I numerosi avvenimenti accaduti a seguito del Trattato di Lisbona fecero aumentare, in diversi Stati europei, la popolarità di movimenti politici nazionalisti ed euroscettici, i quali misero in discussione l'appartenenza nazionale all'interno dell'Unione. A titolo di esempio: (i) il Front National francese; (ii) il partito per l'Indipendenza del Regno Unito (UKIP); (iii) la Lega Nord e il Movimento 5 Stelle in Italia; (iv) l'Alternativa per la Germania (AfD). Questi partiti politici, ancorché temibili, sono stati sempre, ad ogni modo, tenuti a badi in sede parlamentare;

6. la Pandemia da Covid-19. Un avvenimento totalmente imprevedibile, di dimensione planetaria, che ha costretto il mondo intero – e, in particolare, le democrazie liberali occidentali – a prendere provvedimenti estremi sotto il punto di vista delle limitazioni delle libertà personali. In questa tragica vicenda, tuttavia, l'Unione europea ha avuto un ruolo cruciale sotto molteplici aspetti: (i) ha coordinato le risposte sanitarie, facilitato lo scambio di informazioni e semplificato la distribuzione dei dispositivi medici essenziali; (ii) ha sostenuto e finanziato la ricerca scientifica per lo sviluppo di vaccini; (iii) ha negoziato e coordinato gli accordi per l'acquisizione centralizzata dei vaccini contro il Covid-19, per conto di tutti gli Stati membri, garantendo un accesso più equo e contribuendo a ridurre il rischio di concorrenza "sleale" tra gli stessi. Inoltre, come avremo modo di approfondire più avanti, l'Unione europea ha assunto un ruolo straordinariamente importante nella fase di rilancio economico dell'Ue. Nonostante sullo sfondo si stesse delineando una recessione finanziaria senza precedenti, l'Unione ha saputo avere visione e unirsi politicamente;

7. la drammatica guerra in Ucraina e le strazianti vicende della Striscia di Gaza, avvenimenti di inqualificabile sconforto che – per i soli profili che concernono questa trattazione – mettono in risalto la totale inesistenza di una qualsiasi politica estera europea degna di questo nome.

Come avrete inteso, gli eventi appena elencati, ancorché non influenti sul piano "istituzionale", hanno largamente inciso sulla sfera politica dell'Unione europea, indirizzando di volta in volta le sensibilità di tutte le istituzioni europee in *questa* o *quell'altra* direzione.

Ora che abbiamo approfondito, seppur sommariamente, quello che è stato il processo evolutivo dell'Unione europea sino a oggi, non ci resta che addentrarci nel cuore del funzionamento della macchina "Unione europea". Nei prossimi capitoli scopriremo come opera l'Unione, quali sono i princìpi fondativi del TUE e del TFUE, quali sono le istituzioni europee e come gli Stati membri si rapportano con il governo europeo. *Mettetevi comodi, ci sarà molto da dire.*

Segue una cronologia essenziale degli avvenimenti descritti nel primo capitolo.

1950:	*9 maggio*: Dichiarazione Schuman.
1951:	*18 aprile*: firma a Parigi del Trattato che istituisce la Comunità europea del Carbone e dell'acciaio (CECA).
1952:	*27 maggio*: firma del Trattato che istituisce la Comunità europea di difesa (CED).
	23 luglio: entrata in vigore del Trattato CECA.
1954:	*30-31*: il Trattato CED è respinto dall'Assemblea nazionale francese.
1955:	*1-2 giugno*: conferenza di Messina per il rilancio del processo di integrazione.
1957:	*25 marzo*: firma a Roma dei Trattati istitutivi della Comunità economica europea (CEE) e della Comunità dell'Energia atomica (Euratom).
1958:	*1° gennaio*: entrata in vigore dei Trattati CEE ed Euratom.
1960:	*4 maggio*: entrata in vigore della Convenzione che crea l'Associazione europea di libero scambio (AELE/EFTA).
1963:	*20 luglio*: firma a Yaoundé (Camerun) della prima Convenzione che crea l'Associazione europea tra la CEE e n. 18 Stati africani e malgascio.
1965:	*8 aprile*: firma a Bruxelles del Trattato che istituisce un Consiglio unico e una Commissione unica delle Comunità europee (c.d. Trattato sulla fusione degli Esecutivi).

- *1-6 luglio*: la Francia abbandona i lavori del Consiglio (c.d. crisi della "sedia vuota").
- 1966: *28-29 gennaio*: avviene il c.d. "Compromesso di Lussemburgo". La Francia riprende il suo posto nel Consiglio.
- 1967: *1° luglio*: entrata in vigore del Trattato sulla fusione degli Esecutivi.
- 1969: *31 dicembre*: conclusione del periodo transitorio di 12 anni previsto dal Trattato CEE per l'instaurazione del mercato comune.
- 1970: *21 aprile*: decisione del Consiglio relativa alla sostituzione dei contributi finanziari degli Stati membri con risorse proprie delle Comunità.

  22 aprile: firma del Trattato di Lussemburgo che modifica alcune disposizioni di bilancio dei Trattati comunitari e che conferisce al Parlamento europeo maggiori poteri in materia di bilancio.
- 1972: *22 gennaio*: firma a Bruxelles dell'Alto di adesione del Regno Unito, dell'Irlanda, della Danimarca e della Norvegia alle Comunità europee.
- 1973: *1° gennaio*: adesione del Regno Unito, dell'Irlanda e della Danimarca alle Comunità europee.
- 1974: *9-10 dicembre*: i Capi di Stato o di governo iniziano a riunirsi come "Consiglio europeo".
- 1975: *28 febbraio:* firma della prima Convenzione tra la Comunità e 46 Stati dell'Africa, dei Caraibi e del Pacifico (ACP).

  22 luglio: firma a Bruxelles del Trattato che modifica talune disposizioni finanziarie dei Trattati comunitari, attribuisce maggiori poteri di bilancio al Parlamento e istituisce la Corte dei conti delle Comunità europee;
- 1976: *20 settembre:* approvazione dell'atto relativo all'elezione del Parlamento europeo a suffragio universale diretto.
- 1977: *5 aprile:* Dichiarazione comune del Parlamento europeo, del Consiglio e della Commissione sul rispetto dei diritti fondamentali.
- 1978: *4-5 dicembre*: il Consiglio europeo decide di creare il Sistema monetario europeo (SME).
- 1979: *28 maggio*: firma ad Atene dell'Atto di adesione della Grecia alle Comunità europee.

7-10 giugno: prime elezioni a suffragio universale diretto del Parlamento europeo.

1981: 1° gennaio: adesione della Grecia alle comunità europee.

1983: *17-19 giugno:* al Consiglio europeo di Stoccarda si approva la "Dichiarazione solenne sull'Unione europea".

1984: *14 febbraio*: adozione, da parte del Parlamento europeo, di un progetto di trattato che istituisce l'Unione europea (c.d. "Trattato Spinelli").

1985: *12 giugno*: firma a Lisbona e a Madrid degli Atti di adesione della Spagna e del Portogallo alle Comunità europee.

14 giugno: firma dell'Accordo di Schengen fra il Belgio, la Francia, la Repubblica federale di Germania, il Lussemburgo e i Paesi Bassi.

28-29 giugno: Consiglio europeo di Milano. Convocazione di una conferenza intergovernativa per la modifica dei Trattati istitutivi delle Comunità europee.

1986: *1° gennaio*: adesione della Spagna e del Portogallo alle Comunità europee.

17 e 28 febbraio: firma dell'Atto unico europeo a Lussemburgo.

1987: *1° luglio*: entrata in vigore dell'Atto unico europeo.

1988: *24 ottobre*: decisione che istituisce il Tribunale di primo grado delle Comunità europee.

1989: *1° novembre*: entrata in funzione del Tribunale di primo grado delle Comunità europee.

9 novembre: caduta del Muro di Berlino.

1990: *29 maggio*: firma a Parigi dell'Accordo istitutivo della Banca europea per la ricostruzione e lo sviluppo (BERS).

19 giugno: firma della Convenzione di applicazione dell'Accordo di Schengen.

3 ottobre: riunificazione tedesca.

14-15 dicembre: Consiglio europeo di Roma. Apertura delle Conferenze intergovernative sull'unione politica e sull'unione economica e monetaria.

1991: *9-10 dicembre*: Consiglio europeo di Maastricht. Approvazione del progetto di Trattato sull'Unione europea (TUE).

1992: *7 febbraio*: firma a Maastricht del Trattato sull'Unione europea (TUE).

1° maggio: firma dell'Accordo tra UE e l'EFTA per la creazione dello Spazio economico europeo (SEE).

2 giugno: vittoria del "no" nel referendum danese sul Trattato di Maastricht.

20 settembre: esito positivo del referendum francese sulla ratifica di tale Trattato.

6 dicembre: vittoria del "no" nel referendum svizzero sulla ratifica del SEE.

11-12 dicembre: Consiglio europeo di Edimburgo. Approvata la "Dichiarazione sulla Danimarca" per risolvere il problema della ratifica del Trattato di Maastricht.

1993: *18 maggio*: esito positivo del nuovo referendum danese su tale ratifica.

1° novembre: entrata in vigore del Trattato di Maastricht sull'Ue.

1994: *1° gennaio*: entrata in vigore del SEE.

24 giugno: firma a Corfù degli Atti relativi all'adesione di Norvegia, Austria, Finlandia e Svezia all'UE.

28 novembre: esito negativo in Norvegia del referendum sull'adesione all'Ue.

1995: *1° gennaio*: adesione di Austria, Finlandia e Svezia all'Ue.

26 marzo: entrata in vigore della Convenzione di applicazione del Trattato di Amsterdam.

1996: *29 marzo*: apertura della Conferenza intergovernativa per l'adozione del Trattato di Amsterdam.

1997: *2 ottobre*: firma del Trattato di Amsterdam.

1999: *1° gennaio*: introduzione ufficiale dell'euro in Austria, Belgio, Finlandia, Francia, Germania, Irlanda, Italia, Lussemburgo, Paesi Bassi, Portogallo e Spagna.

15 marzo: dimissioni della Commissione europea a seguito della relazione del c.d. "Comitato dei Saggi" su presunti casi di frode, cattiva gestione e nepotismo.

1° maggio: entra in vigore il Trattato di Amsterdam.

2000: *14 febbraio*: apertura della Conferenza intergovernativa per l'adozione del Trattato di Nizza.

7-9 dicembre: Consiglio europeo di Nizza. Il Parlamento europeo, il Consiglio e la Commissione proclamano solennemente la Carta dei diritti fondamentali dell'Unione.

2001: *2 gennaio*: la Grecia diventa il dodicesimo paese della zona euro.

26 febbraio: firma del Trattato di Nizza.

14-15 dicembre: il Consiglio europeo di Laeken adotta una dichiarazione sul futuro dell'Ue e decide la convocazione di una Convenzione dei diritti fondamentali dell'Unione europea.

2002: *1° gennaio*: i biglietti e le monete in euro entrano in circolazione nei dodici paesi membri aderenti all'Unione monetaria.

28 febbraio: l'euro diventa l'unica moneta a corso legale in seguito alla fine del periodo di doppia circolazione nei dodici Paesi membri. Apertura a Bruxelles della Convenzione sull'Avvenire dell'Europa.

23 luglio: scadenza del Trattato CECA dopo 50 anni dalla sua entrata in vigore.

2003: *1° febbraio*: entrata in vigore del Trattato di Nizza.

16 aprile: firma ad Atene del Trattato di adesione di Repubblica ceca, Estonia, Cipro, Lettonia, Lituania, Ungheria, Malta, Polonia, Slovenia e Slovacchia all'Unione europea.

4 ottobre: apertura della Conferenza intergovernativa per l'adozione del Trattato che adotta una Costituzione per l'Europa.

2004: *1° maggio*: entrata in vigore del Trattato di adesione all'Ue dei 10 nuovi Stati membri.

29 ottobre: firma a Roma del Trattato che adotta una Costituzione per l'Europa.

2 novembre: decisione che istituisce il Tribunale della funzione pubblica dell'Ue (TFP).

2005: *25 aprile*: firma a Lussemburgo del Trattato di adesione della Romania e della Bulgaria all'UE.

29 maggio: esito negativo del referendum francese sulla ratifica del Trattato costituzionale.

1° giugno: esito negativo del referendum olandese sulla ratifica del medesimo Trattato.

3 ottobre: avvio dei negoziati per l'adesione della Turchia e della Croazia all'Ue.

12 dicembre: entrata in funzione del TFP.

2007: *1° gennaio*: adesione di Romania e Bulgaria all'Ue. La Slovenia adotta l'euro.

25 marzo: 50° anniversario della firma dei Trattati di Roma.

23 luglio: apertura della Conferenza intergovernativa per la preparazione di un Trattato di riforma.

18-19 ottobre: approvazione al Consiglio europeo di Lisbona del Trattato di riforma.

12 dicembre: il Parlamento europeo, il Consiglio e la Commissione proclamano solennemente una versione modificata della Carta dei diritti fondamentali dell'Unione europea.

13 dicembre: firma del Trattato di riforma a Lisbona.

21 dicembre: Repubblica ceca, Estonia, Lettonia, Lituania, Ungheria, Malta, Polonia, Slovenia e Slovacchia entrano nello Spazio Schengen.

2008: *1° gennaio*: Cipro e Malta adottano l'euro.

12 giugno: esito negativo del referendum irlandese sulla ratifica del Trattato di Lisbona.

12 dicembre: la Svizzera entra nello Spazio Schengen.

2009: *1° gennaio*: la Slovacchia adotta l'euro.

18-19 giugno: Consiglio europeo di Bruxelles. Garanzie giuridiche all'Irlanda per la convocazione di un nuovo referendum sulla ratifica del Trattato di Lisbona.

23 luglio: l'Islanda presenta la candidatura per l'adesione all'Ue.

3 ottobre: il nuovo referendum irlandese approva la ratifica del Trattato di Lisbona.

1° dicembre: entrata in vigore del Trattato di Lisbona.

22 dicembre: la Serbia presenta la candidatura per l'adesione all'Ue.

2010: *17 giugno*: apertura dei negoziati di adesione con l'Islanda.

2011: *1° gennaio*: l'Estonia adotta l'euro.

25 marzo: il Consiglio europeo adotta la decisione che modifica l'art. 136 TFUE.

9 dicembre: firma a Bruxelles dell'Atto di decisione della Croazia all'Ue.

2012: *2 febbraio*: firma a Bruxelles del Trattato che istituisce il Meccanismo europeo di stabilità (MES) tra i 17 Stati membri della zona euro.

2 marzo: firma a Bruxelles del Trattato sulla stabilità, sul coordinamento e sulla governance nell'UEM (c.d. "Fiscal Compact) tra gli Stati membri dell'UE (ad eccezione del Regno Unito e della Repubblica ceca).

27 settembre: entra in vigore il Trattato sul Meccanismo europeo di Stabilità (MES).

10 dicembre: l'UE riceve il premio Nobel per la pace 2012.

2013: *1° gennaio*: entrata in vigore del Fiscal Compact.

1° luglio: adesione della Croazia all'Ue.

2014: *1° gennaio*: la Lettonia adotta l'euro.

2015: 1° gennaio: la Lituania adotta l'euro.

16 dicembre: riforma dell'architettura della Corte di Giustizia dell'UE.

2016: *23 giugno*: esito negativo del referendum sulla permanenza del Regno Unito nell'Ue (c.d. "Brexit").

30 dicembre: entrata in vigore dell'accordo di Parigi sui cambiamenti climatici da parte dell'UE in seguito alla ratifica da parte degli Stati membri.

2019: estinzione del TFP.

2020: *31 gennaio*: recesso del Regno Unito dall'Ue, dopo 47 anni di adesione all'ordinamento europeo.

11 marzo: l'Organizzazione Mondiale della Sanità dichiara l'inizio della pandemia da Covid-19.

9 maggio: 70° anniversario della Dichiarazione Schuman.

21 luglio: il Consiglio europeo approva il *Next Generation UE*

2021: *1° gennaio*: il Regno Unito lascia il mercato interno e l'unione doganale dell'UE, nonché tutte le politiche e gli accordi commerciali. Subentra l'accordo sugli scambi commerciali e la cooperazione UE-Regno Unito.

2022: *24 febbraio*: inizia l'offensiva russa nei confronti dell'Ucraina.

2023: *1° gennaio*: Introduzione dell'euro in Croazia (ventesimo membro della zona euro). Inoltre, la Croazia aderisce allo spazio Schengen.

8 ottobre 2023: lo Stato di Israele, come conseguenza dell'attacco terroristico ricevuto dall'organizzazione politica fondamentalista "Hamas" (7 ottobre 2023), dichiara lo stato di guerra con lo scopo ufficiale di annientare Hamas.

CAPITOLO 2

LE ISTITUZIONI DELL'UNIONE EUROPEA

Nel precedente capitolo abbiamo osservato alcune caratteristiche dell'Unione europea sotto un punto di vista squisitamente storiografico. Iniziare a parlare dei Trattati istitutivi, delle azioni intraprese dall'Unione, nonché della sua evoluzione storica avvenuta nel corso dei decenni, ci ha certamente aiutato a delineare i contorni di questa peculiare organizzazione internazionale. Da qui in avanti, però, ci soffermeremo sulla "composizione" dell'Unione, e questo perché la denominazione "Unione europea" è una qualificazione estremamente ampia che contiene al suo interno numerosi significati diversi tra loro. A essere precisi, infatti, l'Unione europea consta di un vasto insieme di organi e agenzie di diversa natura e, in particolare, si presenta con un "corpo" eterogeneo di istituzioni.

Nello specifico, l'Unione europea dispone di un assetto istituzionale che, allo stato attuale, contempla sette istituzioni:

1. il Consiglio europeo;

2. il Consiglio dell'Unione europea;

3. la Commissione europea;

4. il Parlamento europeo;

5. la Corte di Giustizia dell'Unione europea;

6. la Banca centrale europea;

7. la Corte dei conti dell'Ue.

Sarebbe assai difficile cercare di definire questo insieme di istituzioni con gli stessi canoni di giudizio con cui si è soliti descrivere il funzionamento di una macchina governativa nazionale. Questo, in particolare, perché le istituzioni che precedono rispondono – in modo del tutto peculiare – a una duplice funzione:

1. rappresentare e realizzare gli interessi dell'Unione europea (mi riferisco, in particolar modo, alla Commissione europea, al Parlamento europeo, alla Corte di giustizia dell'Unione europea, alla Banca centrale europea e alla Corte dei conti europea);

2. garantire l'esistenza e la consistenza del "filo rosso" che lega il governo dell'Unione con i governi degli Stati membri (mi riferisco, in particolar modo, al Consiglio dei ministri dell'Unione europea e al Consiglio europeo).

Questa duplice funzione è oggettivamente un *unicum*, dal punto di vista delle scienze politiche. Come è noto, infatti, le nazioni liberali e democratiche d'Occidente hanno uno "scheletro costituzionale" che prevede, sempre, una tripartizione del potere: (i) un organo legislativo e di controllo politico (Parlamento), (ii) un organo esecutivo e di indirizzo politico (Consiglio) e (iii) un organo giudiziario (Corti varie). Ognuna di queste tre istituzioni, nel rispetto del principio della separazione dei poteri, opera in favore dello Stato di appartenenza. Questo assetto appena descritto, con riferimento al territorio dell'Unione europea, cambia sensibilmente. Con ciò non intendo dire che il principio della separazione dei poteri non esiste – lo troviamo anche in Ue – ma voglio segnalare che è meno netto, meno rigido, rispetto alle esperienze costituzionali delle singole nazioni. Come mai accade questo? In un certo senso la risposta l'abbiamo già data nel capitolo precedente: l'Unione europea non è un centro di potere autonomo e completamente indipendente; si è detto, infatti, che sono i singoli Stati ad essere "sovrani dei Trattati" e ad avere ancora una grandissima influenza politica. Pertanto, è come se all'interno dell'assetto istituzionale dell'Unione ci fosse una "doppia anima": da una parte, vi sono istituzioni propriamente "europee", nel senso che sono istituite sul piano internazionale, che i suoi componenti rappresentano l'Ue e agiscono per il suo diretto interesse; d'altra parte, vi sono istituzioni che, invece, rappresentano la "presenza" degli Stati membri sul piano europeo, ovverosia istituzioni che sono composte da persone che fanno parte dei singoli Governi degli Stati membri.

Mi spiego meglio con una breve anticipazione, sulla quale torneremo più avanti approfonditamente: il Consiglio europeo, a esempio, è l'istituzione che riunisce i capi di Governo e di Stato di ogni singolo Stato membro; la sua esistenza, ovviamente, evidenzia e garantisce la volontà dei singoli Stati membri nel quadro decisionale dell'Unione. Diversamente, la Commissione europea è l'istituzione composta dai soggetti che sì, provengono dagli Stati membri, ma che sono impossibilitati a lavorare nell'interesse delle nazioni, dovendo perseguire gli obiettivi propri dell'Unione europea. Ancora: il Consiglio dell'Unione europea (da non confondere con il citato Consiglio europeo!!!) è un'istituzione che riunisce periodicamente i ministri dei Governi degli Stati membri; la sua esistenza, a ben vedere, eleva il ruolo e le volontà delle singole nazioni sul piano europeo. Diversamente, il Parlamento europeo è, invece, l'assemblea legislativo dell'Ue che ha funzioni e mansioni squisitamente europee, e non nazionali. Al netto della diversa natura di queste istituzioni (come si è detto, qualcuna più propriamente "europea", altre, segnatamente più "nazionali") tutte le istituzioni operano nella logica della leale collaborazione, in un quadro giuridico che, come si è visto, vede prevalere, per la stragrande maggioranza dei casi, le prerogative sovranazionali.

Il risultato è un processo legislativo, decisionale ed esecutivo frutto dell'accordo fra le tre istituzioni politiche principali – la Commissione europea, il Consiglio dell'Unione europea e il Parlamento europeo –, soggetto a continue mediazioni e compromessi dovuti alla dialettica tra istanze dell'Unione (Commissione e Parlamento) e Governi nazionali (Consiglio dell'Unione). Si tratta di un processo complesso, in parte a causa delle leadership nazionali, e in altra parte a causa del farraginoso procedimento regolamentare.

Accanto a queste sette istituzioni – che rappresentano il nucleo fondamentale del funzionamento dell'Unione – esistono ulteriori n. 5 organi con carattere consultivo e di controllo, ovverosia:

- il Comitato economico e sociale europeo;

- il Comitato delle regioni;

- il Mediatore europeo;

- il Garante europeo della protezione dei dati;

- la Banca europea per gli investimenti.

Sia le istituzioni europee che gli organi consultivi sono espressamente disciplinati dai due Trattati essenziali dell'Unione, il TUE e il TFUE, che ne descrive le competenze, il funzionamento e le caratteristiche. Procediamo ad analizzare le sette istituzioni fondamentali.

2.1. Il Consiglio europeo

Vi sarà capitato, qualche volta, di aver sentito parlare dei famosi "vertici europei". Ricorderete quando l'ex Presidente del Consiglio dei ministri Giuseppe Conte, nel luglio 2022, per cinque giorni di fila, venti ore al giorno, ha negoziato con i propri omologhi l'opportunità di adottare il PNRR; oppure, più recentemente, i vertici europei in cui la Presidente Giorgia Meloni e gli altri Capi di Stato hanno approvato i "pacchetti" di sanzioni nei confronti della Russia. Ebbene, i vertici europei, generalmente ospitati dallo Stato membro che, a turno, detiene la cosiddetta "Presidenza" dell'Unione, sono i summit a cui partecipano i Capi di Stato o di Governo degli Stati membri organizzati al fine di impostare le direttive principali dello sviluppo dell'Unione europea.

Per essere più precisi, il Consiglio europeo è un'istituzione composta da:

- i Capi di Stato o di governo degli Stati membri,
- un proprio Presidente (esterno), e
- il Presidente della Commissione europea.

Si tratta di un organo che, proprio per la natura della sua composizione, è caratterizzato da una funzione squisitamente politica e strategica. In altre parole, svolge un ruolo fondamentale nel plasmare la direzione politica dell'Unione Europea fornendo un quadro strategico per le sue attività. Più nel dettaglio, il Consiglio europeo si riunisce regolarmente minimo quattro volte all'anno per discutere questioni di interesse generale e per fornire orientamenti e impulsi politici alle attività dell'Unione.

Prima del trattato di Lisbona, il Consiglio europeo aveva

una posizione peculiare e del tutto originale, in quanto esso non era annoverato tra le istituzioni dell'Unione né operava come una di loro: era sottratto ai controlli e alle regole che governano l'agire delle istituzioni, e le sue deliberazioni non si traducevano né in voti, né in atti formali. Insomma, il Consiglio europeo si presentava come un un'istanza caratterizzata da grande informalità, in cui i Capi di Stato definivano in comune i grandi orientamenti politici. Con l'entrata in vigore del Trattato di Lisbona, invece, il Consiglio europeo ha acquisito uno spazio e un'importanza sempre maggiori, stante la complessità e le priorità delle questioni su cui ha dovuto lavorare. Durante i vertici europei, infatti, i Capi di Stato affrontano questioni di rilevanza primaria come l'economia, la sicurezza, le relazioni esterne e altre sfide che richiedono una leadership politica a livello dell'intera Unione (a titolo di esempio: i fenomeni migratori, le tematiche inerenti all'intelligenza artificiale, il conflitto in Medio Oriente, etc.). Inoltre, oltre al ruolo generale di indirizzo politico, i Trattati assegnano al Consiglio europeo anche compiti più specifici. Spettano, infatti, al Consiglio europeo le decisioni "istituzionali" di maggior sensibilità politica per la vita dell'Unione, quali, a esempio:

- proporre o nominare le cariche più rilevanti non affidate direttamente alla competenza degli Stati membri;

- decidere sugli aspetti importanti della composizione e del funzionamento di altre istituzioni (quali, a esempio, la ripartizione tra gli Stati membri dei seggi del Parlamento europeo, o la modifica del numero dei membri della Commissione);

- ricoprire la funzione di maggiore responsabilità nell'ambito dei procedimenti in materia di revisioni dei Trattati;

- prendere decisioni di rilievo politico per i processi di allargamento dell'Unione;

- arrestare l'*iter* formativo di una legge europea, qualora uno Stato membro lo richieda, ritenendo che il provvedimento in adozione leda i suoi "interessi prioritari";

- propone il candidato Presidente della Commissione Ue, sulla base delle consultazioni svolte con il Parlamento europeo;

- si pronuncia sulle eventuali violazioni gravi e persistenti dei valori dell'Ue da parte di uno Stato membro.

Non di meno, il Consiglio europeo può solo formulare indirizzi, avviare il processo negoziale che porterà alla stesura di nuovi Trattati, ma non può esercitare una funzione legislativa in senso proprio. Le sue funzioni non possono sostituirsi né a quelle della Commissione europea, né a quelle del Consiglio dell'Unione e tanto meno a quelle del Parlamento europeo, ovverosia le istituzioni, tra l'altro, sulle quali ricade congiuntamente la funzione di adottare le "leggi europee".

Da ciò deriva una non scontata riflessione: non è di per sé automatico che la posizione assunta dai Capi di Stato in sede di Consiglio europeo trovi poi seguito nelle altre istituzioni "decisionali", trasformandosi, quindi, in un provvedimento di legge. Come si avrà modo di vedere nei prossimi paragrafi, questa automaticità è più probabile nel rapporto tra il Consiglio europeo e il Consiglio dell'Unione, in quanto tali istituzioni sono accomunate da una composizione politica comune che facilita la comunanza di interessi; diversamente, quando il Consiglio europeo vorrebbe dare seguito ad una posizione che necessita del lavoro e dell'approvazione di organi come la Commissione europea e il Parlamento europeo, non è scontato essa si traduca in un atto di legge. Questo perché, come si diceva, il Parlamento europeo e la Commissione europea sono istituzioni che hanno una composizione tale per cui il loro operato è meno condizionato dai *desiderata* dai singoli Capi di Stato o di governo degli Stati membri (*…qual è, dunque, la soluzione? Confronti e dialoghi serratissimi*).

Dicevamo, prima, che il Consiglio europeo non ha competenze che gli consentano di adottare delle vere e proprie norme. Non adotta leggi di alcun tipo, nessun regolamento o altri provvedimenti di sorta; bensì, adotta le cosiddette "conclusioni", ovverosia comunicazioni per iscritto che riflettono le intese raggiunte e le strategie condivise in sede di vertice europeo. Ciò, in sintonia con il carattere esclusivamente politico delle sue deliberazioni. Tuttavia, questo non deve condurci a pensare che il Consiglio europeo non abbia, comunque, un processo "deliberativo" a cui fare riferimento. Del resto, è impensabile che i Capi di Stato in sede di vertice europeo non abbiano un procedimento con cui formare la volontà del Consiglio. Al riguardo, sono i Trattati a descriverci i modi con cui questa istituzione delibera.

In particolare, i Trattati prevedono che "*Il Consiglio europeo si pronuncia per consenso, salvo nei casi in cui i Trattati dispongano diversamente*". Il termine "consenso" è adoperato appositamente per far sì che le decisioni del Consiglio europeo siano prese all'unanimità dei componenti (questo processo implica discussioni molto approfondite, talvolta estenuanti: a esempio, il *summit* in cui è stato deciso di adottare il *Next Generation UE* ha visto negoziati durare giorni e notti ininterrotte). In via generale, dunque, la decisione è considerata raggiunta, senza esercizio formale di un diritto di voto, quando il Presidente dell'istituzione constata che dall'andamento della discussione non vi sono obiezioni ostative da parte di nessun componente, ivi compreso il presidente della

Commissione europea. Inoltre, i Trattati prevedono altresì ipotesi in cui il Consiglio europeo deve sottostare a formali regole di voto, al fine di adottare conclusioni in settori di particolare rilevanza. Queste regole procedurali sono sancite, in particolare, dal TFUE e valgono non solo per il Consiglio europeo, ma anche, come si avrà modo di vedere, per il Consiglio dell'Unione.

Nello specifico, il consiglio europeo può essere chiamato a votare, oltreché per consenso (dunque all'unanimità), secondo due modalità:

- a maggioranza semplice. Si tratta di una maggioranza data dalla metà più uno dei componenti;
- a maggioranza qualificata. Si tratta di una maggioranza basata su di un sistema che tiene conto del peso relativo di ciascuno degli Stati membri. A differenza della maggioranza semplice e dell'unanimità, nell'ambito delle quali il voto di ciascuno Stato ha un peso identico, la maggioranza qualificata si fonda su un sistema di "doppia maggioranza" che tiene conto della diversa "grandezza" degli Stati membri. In altre parole, la maggioranza qualificata è raggiunta quando una delibera del Consiglio europeo ottiene il voto favorevole di almeno il 55% degli Stati membri, che rappresentino almeno il 65% della popolazione residente dell'Unione. Si tratta di un meccanismo che quindi prevede due diversi "livelli" di quorum: la maggioranza degli Stati membri (il primo livello, ovverosia n. 15 stati su 27) e una determinata percentuale rappresentativa della popolazione residente nel territorio europeo (secondo livello, ovverosia il 65%).

A ben vedere, il voto a maggioranza semplice costituisce una formalità facilmente rispettabile, mentre il voto a maggioranza qualificata, e a seguire quello all'unanimità, sono obiettivi più ardui da raggiungere in sede deliberativa. Ciò ha un preciso fondamento: più è importante l'argomento oggetto di deliberazione, maggiore sarà il requisito di forma richiesto dalla legge, e questo in virtù di un fondamentale principio della tradizione giuridica occidentale: i requisiti di forma costituiscono un presupposto chiave nella costruzione di relazioni giuridiche affidabili, e contribuiscono alla chiarezza, all'applicabilità e alla validità di ogni documento giuridico prodotto nella realtà empirica, svolgendo, quindi, un ruolo fondamentale nella creazione di un sistema giuridico ordinato e funzionale. Coerentemente con quanto appena detto, il Consiglio europeo vota a maggioranza semplice su questioni non particolarmente gravose, come nei casi in cui è chiamato a deliberare su regolamenti interni o questioni procedurali; a maggioranza qualificata in situazioni più rilevanti, come nel momento di eleggere il proprio Presidente o, a esempio, di nominare l'Alto Rappresentante per la PESC; infine, necessità dell'unanimità nell'ambito di decisioni relative a ambiti di eccezionale importanza, quali la politica estera e di sicurezza comune (la cosiddetta "PESC"), lo "spazio europeo di sicurezza, libertà e giustizia", nonché l'immigrazione.

Come meglio si vedrà nel prossimo paragrafo, dedicato al Consiglio dell'Unione, il voto all'unanimità rappresenta un vero e proprio ostacolo alla risoluzione di molte delle sfide più problematiche del nostro tempo. Nel caso del Consiglio europeo, il quale come si è detto non ha la funzione di approvare leggi, le conseguenze di tale requisito – inefficienze, rivendicazioni e immobilismi – non sono propriamente evidenti; con riferimento al Consiglio dell'Unione, invece, tenuto conto del suo ruolo da protagonista nell'iter decisionale dell'Unione e della sua peculiare composizione, questo requisito di forma esprime tutta la manchevolezza e la miopia degli Stati membri i quali – in maniera ingiustificabile – non riescono a trovare compromessi su qualsivoglia bozza di revisione dei Trattati europei. Eppure, non sarebbe impossibile modificare gli attuali assetti di governance e cedere maggiori competenze alle istituzioni (pur prevedendo l'inserimento di tutte le dovute precauzioni e degli adeguati sistemi di "contrappeso"); si potrebbe bypassare il sistema dell'unanimità, inserendo un criterio di voto più ragionevole, magari secondo un meccanismo che tenga conto dell'impegno dei singoli Stati nel rispetto degli obblighi e dei princìpi fondativi della nostra comunità europea.

Sono quasi vent'anni che questo sistema di regole – tanto osteggiato a parole – è vigente. Viene quasi da pensare che non si abbia tutto questo desiderio di avere, per davvero, "più Europa". Piuttosto, sembra *quasi* che alcuni leader vogliano riportare tutta la politica, o almeno le decisioni che "contano", a livello nazionale. Con evidenti dubbi vantaggi per noi cittadini.

Infine, un accenno sulla figura del Presidente di tale istituzione. La figura del presidente del Consiglio europeo è sorta recentemente, con il trattato di Lisbona. I primi due Presidenti sono stati il belga-fiammingo Herman Van Rompuy (2009-2014) e il polacco Donald Tusk (2014-2019): il primo si narra fosse un appassionato di poesia giapponese e di ornitologia, sfornito di qualità politiche note (Nigel Farage, famoso leader dell'Ukip britannico, lo aveva definito *"un leader con il carisma di uno straccio umido"*); il secondo è un politico liberal-democratico che ha assunto una guida assai moderata del Consiglio europeo. Questo ha fatto ritenere a molti osservatori che, inizialmente, lo stesso Consiglio europeo volesse mantenere un profilo basso per tale figura, in modo tale da non avere personaggi ingombranti "tra i piedi". Decorse queste prime presidenze, invece, la figura del Presidente del Consiglio europeo ha iniziato successivamente a crescere in termini di rilevanza: la nomina del belga Charles Michel (2019-2024) sembra andare nella direzione di un ruolo più politicamente delineato. Uno dei nomi "futuribili" per la prossima carica di Presidente del Consiglio europeo è Mario Draghi, ma con molta probabilità sarà un tedesco.

I Trattati costitutivi dell'Unione prevedono che il Presidente del Consiglio europeo sia un individuo esterno ai Capi di Stato e di Governo degli Stati membri, che non possa ricoprire alcun incarico nazionale e che sia eletto per due anni e mezzo, con facoltà di rielezione *una tantum*. Al Presidente del consiglio europeo spettano innanzitutto le funzioni strettamente legate alla preparazione e gestione dei lavori dell'istituzione: (i) assicura la preparazione e la continuità delle riunioni; (ii) guida il dibattito e facilita il compromesso tra i componenti; (iii) rappresenta l'istituzione dinanzi al Parlamento europeo, al quale riferisce dopo ogni riunione; e, infine (iv) assicura la rappresentanza esterna dell'Unione per le materie relative alla politica estera e di sicurezza comune (PESC).

In chiave sintetica, si evidenzia, quindi, che il Consiglio europeo:

- è un'istituzione strategica, di natura politica, composta dai Capi di Stato e di governo degli Stati membri, un proprio Presidente e il Presidente della Commissione EUROPEA;

- ha lo scopo di definire le linee politiche generali dell'Unione e di dare impulso agli sviluppi strategici dell'UE, soprattutto con riferimento ai temi attinenti all'economia, all'immigrazione, alla PESC, alla sicurezza e alla giustizia. Inoltre, ha la responsabilità maggiore nell'*iter* revisionale in materia di Trattati;

- è un'istituzione politica, incapace di adottare provvedimenti di legge. Le sue delibere sono atti di "indirizzo" destinati ad essere trasformati in provvedimenti dalle altre istituzioni decisionali;

- ha rilevanti responsabilità nella nomina di importanti cariche nel quadro istituzionale dell'Unione;

- si riunisce in media quattro volte all'anno, salvo vertici europei di natura straordinaria.

2.2. Il Consiglio dell'Unione europea

Il Consiglio dell'Unione europea, anche noto come il "Consiglio dell'Unione", è un'istituzione-chiave nell'ambito dei processi decisionali dell'Unione europea. A dispetto della somiglianza dei nomi, il Consiglio dell'Unione non è assolutamente da assimilare al Consiglio europeo – con il quale non condivide in alcun modo funzioni, natura, e composizione – e, parimenti, ha caratteristiche proprie che lo distinguono dalle altre istituzioni decisionali.

Questa istituzione, infatti:

- si differenzia dal Consiglio europeo, in quanto ha una funzione prettamente esecutiva e, in particolare, legislativa;

- si differenzia dalla Commissione europea, la quale, come si avrà modo di vedere nei prossimi paragrafi, si impegna a perseguire gli interessi dell'Unione europea;

- si differenzia dal Parlamento europeo, in quanto quest'ultima istituzione è integralmente eletta a suffragio universale diretto.

Più nello specifico, il Consiglio dell'Unione europea rappresenta gli interessi dei singoli Stati membri nell'ambito del contesto europeo. Questa rappresentanza è garantita, in particolare, dalla presenza dei ministri di ogni Paese membro, i quali si riuniscono di volta in volta a seconda delle questioni da trattare. Si parla, infatti, di composizione "mutevole" del Consiglio dell'Unione. Qualche esempio potrà chiarire al meglio questa particolare conformazione consiliare: nel caso in cui il Consiglio dell'Unione dovesse affrontare temi di natura economica o finanziaria, si riunirà il "Consiglio Economico e Finanziario" (c.d. ECOFIN), ovverosia il Consiglio dell'Unione composto dai ministri delle finanze di tutti gli Stati membri; qualora il Consiglio dell'Unione dovesse approfondire materie relative alla sicurezza o alla giustizia, si riunirà il "Consiglio Affari Interni" (CAI), ovverosia il Consiglio dell'Unione composto dai ministri degli interni dei singoli Paesi membri; ancora: nel caso in cui il Consiglio dell'Unione dovesse adottare provvedimenti in materia di concorrenza o competitività, si riunirà il "Consiglio Competitività" (cosiddetto Consiglio "Imprese"), ovverosia il Consiglio dell'Unione composto dai ministri responsabili per la competitività e l'industria degli Stati membri; e via dicendo, a seconda della natura della questione da trattare.

Il Consiglio dell'Unione, quindi, è una sola istituzione, ma con più "volti", e si riunisce in diverse "formazioni" o "composizioni" a seconda delle questioni specifiche che intende affrontare. Allo stato attuale esistono dieci diverse composizioni principali, di seguito riportate:

Denominazione	Composizione
Consiglio Affari Generali (CAG)	ministri degli Affari Esteri;
Consiglio Economico e Finanziario (ECOFIN)	ministri delle Finanze
Consiglio Affari Interni (CAI)	ministri degli Interni
Consiglio Occupazione, Politica	ministri del Lavoro, ministri degli

Sociale, Salute e Consumatori (EPSCO)	Affari Sociali e ministri della Salute
Consiglio Competitività (Imprese)	ministri responsabili per la competitività e l'industria
Consiglio Trasporti, Telecomunicazioni ed Energia	ministri dei Trasporti, ministri delle Telecomunicazioni, e ministri dell'Energia
Consiglio Agricoltura e Pesca	ministri dell'Agricoltura e ministri della Pesca
Consiglio Ambiente	ministri dell'Ambiente
Consiglio Istruzione, Gioventù, Cultura e Sport	ministri dell'Istruzione, della Gioventù, della Cultura e dello Sport
Consiglio Affari Esteri (CAE)	ministri degli Affari Esteri

Oltre queste n. 10 composizioni, in base alle necessità e agli argomenti da trattare, è possibile la formazione di Consigli "misti" o "ibridi" che coinvolgano più di una composizione, al fine di affrontare questioni interdisciplinari, o per coordinare politiche in settori che coinvolgono più ambiti di competenza. Ad ogni modo, sono tre le formazioni più importanti: il Consiglio Affari generali, il consiglio ECOFIN e il consiglio agricoltura e pesca. Queste tre "volti" del Consiglio dell'Unione si riuniscono di norma una volta al mese, mentre gli altri si riuniscono all'incirca due o tre volte all'anno. In tutto, le dieci formazioni del Consiglio dell'Unione assommano un centinaio di riunioni all'anno. Per preparare il lavoro di questi consigli ogni Stato membro mantiene una delegazione di rappresentanti permanenti a Bruxelles, chiamata "Comitato dei rappresentanti permanenti" (il cosiddetto COREPER), senza il quale il lavoro dei ministri sarebbe estremamente più difficoltoso. Questo organismo, in particolare, è diviso in due rami – COREPER I e COREPER II – i quali preparano sostanzialmente il lavoro delle riunioni delle varie formazioni del Consiglio dell'Unione, risultando impensabile che un ministro nazionale, preso dalle vicissitudini della propria politica nazionale, possa essere sempre aggiornato sulle complesse discussioni e sulle numerose opzioni sul tavolo, a meno che, appunto, non vi sia un gruppo di alti funzionari che siedono in permanenza a Bruxelles.

Sebbene sia un'istituzione assai meno nota al grande pubblico, il Consiglio dell'Unione rappresenta il vero motore della macchina istituzionale europea, nonché l'unico organo propriamente decisionale dell'Unione, in quanto deputato ad approvare, in ultima istanza, le norme europee. In maniera schematica, il Consiglio dell'Unione:

- definisce le politiche e gli orientamenti generali in ogni settore di competenza;
- conclude gli accordi internazionali con Stati terzi;
- adotta le norme europee e approva il bilancio dell'Unione, insieme al Parlamento europeo.

Con particolare riguardo a tale ultima funzione, si segnala che non è tecnicamente corretto parlare di "norme" o "leggi" europee. Ho utilizzato questa terminologia sin ora affinché si creasse nella vostra mente l'idea di un provvedimento avente, appunto, le caratteristiche tipiche di una legge. Tuttavia, più precisamente, a differenza di quanto accade, per esempio, in Italia, nell'ambito dell'Unione europea il termine legge non ha alcun significato specifico e, soprattutto, non determina alcuna tipologia di provvedimento normativo. Nel contesto europeo, infatti, quelle che noi siamo soliti chiamare "norme" o "leggi" non esistono, mentre esistono n. 3 tipologie di provvedimenti, ognuna con specifiche caratteristiche: (i) i regolamenti europei; (ii) le direttive europee; e (iii) le decisioni europee.

Queste n. 3 tipologie di atti, che costituiscono le cosiddette fonti "secondarie" del diritto dell'Unione europea, sono tutte prodotte dal lavoro congiunto delle istituzioni decisionali dell'Ue. Le fonti "primarie", invece, sono i Trattati, gli accordi internazionali con Stati terzi e i "princìpi generali dell'ordinamento" elaborati dalla Corte di Giustizia dell'Ue.

Segue una breve disamina delle "norme europee" con indicazione, inoltre, delle raccomandazioni e dei pareri, ulteriori atti, non legislativi, tipicamente adottati dalle istituzioni europee.

Atto	Caratteristiche
Regolamento europeo	Il regolamento europeo è un atto normativo <u>vincolante</u> che <u>non</u> si rivolge a specifici destinatari, bensì a una <u>moltitudine</u> di soggetti, siano essi Stati membri, società con sedi legali nel territorio UE oppure cittadini. Il suo contenuto è <u>obbligatorio</u> in tutti i suoi elementi, ovverosia non è possibile un'applicazione parziale, e <u>non ha bisogno di alcun norma "attuativa"</u> da parte degli Stati membri: così come è approvato, produce effetti diretti nei confronti dei destinatari. Un esempio che potete tenere a mente è sicuramente quello del Reg. Ue n. 679/2016, il famoso "GDPR" (*General Data Protection Regulation*), ovverosia il regolamento europeo sulla protezione dei dati personali.
Direttiva europea	La direttiva europea è un atto normativo <u>vincolante</u> che, differentemente dai regolamenti europei, <u>opera unicamente verso gli Stati membri</u> e, in particolar modo, in merito al <u>risultato</u> da raggiungere. Gli Stati membri, quindi, sono sì vincolati a raggiungere lo scopo designato nella direttiva, ma sono liberi di farlo, mediante apposite <u>norme interne</u>, nella maniera che ritengono più opportuna. In altri termini, le direttive prescrivono per gli Stati un <u>obbligo di risultato</u>, non di mezzo, e per questo non hanno il carattere della diretta applicabilità (c.d. "mediata").
	Essendo prevista la necessità, per lo Stato, di recepire e

	dare attuazione alla direttiva, i Paesi membri destinatari devono agire secondo una logica di "leale collaborazione". Questa logica non è un semplice *modus operandi*: è un principio fondativo sancito nei Trattati che rappresenta un pilastro del rapporto istituzioni-Stati membri. La sua inosservanza può comportare gravi conseguenze sul piano legale (a esempio, procedure di infrazione, sentenze di condanna al pagamento di sanzioni finanziarie, ritiro di fondi strutturali, etc). Infine, in ultima istanza, tenete a mente che esistono anche delle c.d. direttive *self executive*, ossia delle direttive europee che possono essere applicate anche in assenza di un atto di recepimento da parte dello Stato membro destinatario. Tenendo conto che la non diretta applicabilità è la caratteristica principale delle direttive, queste direttive *self executive* appaiono come un controsenso. Ma il mondo del diritto è così; lo scibile delle fattispecie da tenere in considerazione e da regolamentare è potenzialmente infinito, quindi fatta la regola, troverete, quasi sicuramente, un'eccezione… Ad ogni modo, tali ultime direttive possono essere considerate applicabili solamente quando hanno una disciplina specifica tale da non lasciare spazio alcuno al potere discrezionale degli Stati destinatari. La diretta applicabilità discende dalla chiarezza e la precisione degli obblighi in capo allo Stato membro destinatario.
Decisione europea	La decisione europea è un atto normativo <u>vincolante</u> che è indirizzato, a seconda dei casi, a una categoria di soggetti specificamente individuati (Stati o istituzioni o parti specifiche). Al pari di una direttiva, <u>necessita di un provvedimento nazionale</u> che la recepisca e ne dia attuazione. Differentemente da un regolamento europeo, ha un ambito di applicazione più ristretto e specifico (non è *erga omnes*). Differentemente da una direttiva, può essere indirizzata a <u>soggetti diversi dagli Stati membri</u>.

Raccomandazioni & Pareri europei	Le raccomandazioni e i Pareri <u>non</u> sono propriamente atti legislativi dell'Unione, ma costituiscono atti tipici adottati dalle istituzioni europee. Le raccomandazioni sono atti <u>non vincolanti</u> con cui l'Unione può esprimere una posizione formale su una questione specifica, esortando, a esempio, uno Stato membro a tenere, o non tenere, un determinato comportamento, senza tuttavia imporre alcun obbligo. Nonostante <u>non</u> siano atti giuridicamente vincolanti, le raccomandazioni possono comunque avere un <u>impatto significativo</u> sul destinatario, in quanto rappresentano, ad ogni buon conto, un forte segnale politico. I pareri sono atti <u>non vincolanti</u> aventi ad oggetto manifestazioni di giudizi rivolte da un'istituzione (spesso di controllo) nei confronti di un'altra, al fine di far conoscere il proprio punto di vista su una questione specifica. Vi sono pareri che possono essere richiesti o emessi senza alcun obbligo di iniziativa, e pareri che devono essere obbligatoriamente richiesti (*a esempio quelli che si inseriscono nelle procedure di approvazione di un atto normativo, sovente quelli del PE e della BCE*), pena vizi di forma che hanno ricadute sostanziali sulla validità dell'atto.

Il Consiglio dell'Unione, dunque, ha il principale compito di adottare Regolamenti, Direttive e Decisioni in osservanza dei *desiderata* del Consiglio europeo e su proposta della Commissione europea, la quale detiene il monopolio in materia di iniziativa legislativa. I tre metodi di votazione del Consiglio dell'Unione sono già noti. Invero, il Consiglio dell'Unione vota:

- a maggioranza semplice sulle questioni procedurali o per adottare regolamenti interni;

- a maggioranza qualificata, il già noto "doppio livello" di maggioranza – 55% dei ministri e 65% della popolazione residente in UE – nella stragrande maggioranza dei casi. Si tratta, infatti, del metodo di votazione adottato come regola generale;

- all'unanimità, su questioni tassativamente previste dai Trattati come, a esempio, le questioni inerenti alla politica estera, alla cittadinanza, all'adesione di nuovi Stati, all'armonizzazione delle legislazioni nazionali in materia di imposte, alla sicurezza, alle risorse proprie dell'Ue e al coordinamento delle politiche giudiziarie e di polizia. I voti di astensione non inficiano l'unanimità (c.d. astensione costruttiva).

In forza di una precisa disposizione del TUE, la cosiddetta "clausola-passerella", il Consiglio europeo può adottare, all'unanimità, una modifica al sistema di votazione del Consiglio dell'Unione, affinché esso possa deliberare a maggioranza qualificata anziché all'unanimità. Tale deroga, tuttavia, non può essere utilizzata per le decisioni *"che hanno implicazioni militari o che rientrano nel settore della difesa"*.

Su quest'ultimo aspetto, occorre soffermarsi brevemente per qualche riflessione. I Trattati fondativi dell'Unione, con riferimento a questi ultimi ambiti di competenza, prevedono che sia il Consiglio dell'Unione a essere detentore del potere decisionale. A ben vedere, questo precetto si traduce nella seguente considerazione: quando si intende toccare palla in questioni delicate per l'identità degli Stati membri, quali la politica estera, la lotta alla criminalità, la giustizia e l'ordine pubblico interno, sono i singoli Stati membri a condurre la partita – non l'Unione europea – e lo devono fare con un sistema decisionale particolarmente ostico (l'unanimità). Eppure, si è ascoltato per anni, come un disco rotto, un costante appello popolare diretto all'Unione europea – non agli Stati membri – affinché facesse sentire la *sua* voce, insinuando il dubbio che le istituzioni europee – mica gli Stati –

non fossero capaci di affermare la propria *leadership* o di essere incisive con le proprie determinazioni, tanto sul piano regionale interno, quanto sul piano globale e della politica estera. Si è chiesto a gran voce all'Unione *di fare di più* ("*E l'Europa che fa?*"), ma in definitiva, se il Consiglio dell'Unione non raggiunge un'intesa, se uno Stato membro pone un veto ideologico mosso da ragioni egoistiche, se talune problematiche rimangono perennemente senza una efficace risposta; ebbene, tali responsabilità non sembrano poter essere logicamente imputate all'Unione. E questo per almeno due ordini di motivi, uno tecnico e uno politico.

Quello tecnico: i Trattati prevedono – come si vedrà meglio nel prossimo capitolo – limitate attribuzioni di potere alle istituzioni le quali, negli ambiti di competenza più cruciali e problematici, sovente non possono agire o lo possono fare in via concorrenziale. Questo vuol dire, in parole semplici, che l'Ue non può attivarsi a piacere, non può fare tutto quello che vuole e non può prescrivere obblighi per gli Stati membri in maniera indiscriminata. Non solo: anche se l'Unione volesse agire in maniera incisiva nei settori in cui può operare, i suoi poteri sarebbero comunque circostanziati nel loro utilizzo, in quanto è presente il vincolo dell'unanimità in sede di Consiglio dell'Unione e di Consiglio europeo per i settori più rilevanti.

Quello politico: nel caso in cui il Consiglio dell'Unione non giunga ad una intesa, la responsabilità politica non può che essere dei singoli Stati, per il tramite dei rispettivi ministri, i quali, per proprie rivendicazioni nazionali, non hanno raggiunto un compromesso. Qualche osservatore audace controbatte affermando che le ragioni dell'inerzia delle istituzioni risieda unicamente nell'inefficacia dei sistemi procedurali alla base dell'*iter* decisionale. È una tesi che non è condivisibile. Se così fosse, infatti, gli Stati membri si sarebbero adoperati, nel corso degli anni, per adottare una revisione dei Trattati in questo senso. Invece, sebbene l'uso della maggioranza qualificata sia aumentato nel tempo a discapito del sistema di voto dell'unanimità, ad oggi i Trattati presentano ancora tale limite per le prerogative più incisive, e ciò non è un caso. Alcuni Paesi membri, guidati da partiti politici di indubbia anima nazionalista, sono riluttanti all'idea che sia la Commissione europea a diventare il soggetto *dominus* in quei settori così importanti; preferiscono uno stallo ad un Parlamento europeo più forte; e desiderano mantenere il controllo dei propri confini e sulla politica estera, anziché cedere sovranità ad un organismo sovranazionale. La domanda è ineludibile: *tutti coloro che chiedono più Europa vogliono davvero un ruolo più incisivo dell'Unione europea?*

Si evidenziano, in chiave sintetica, gli aspetti maggiormente caratterizzanti del Consiglio dell'Unione:

- è un'istituzione di natura legislativa che, insieme al Parlamento europeo, partecipa al procedimento di approvazione di leggi dell'UE, adottando atti legislativi come regolamenti, direttive e decisioni;

- ha la funzione di coordinare le politiche degli Stati membri dell'Ue, riunendo i ministri degli Stati membri, di volta in volta, in relazione alle questioni da affrontare;

- delibera a maggioranza semplici sulle questioni minoritarie, a maggioranza qualificata nella stragrande maggioranza dei casi e all'unanimità nelle ipotesi più importanti;

- partecipa alla definizione e all'attuazione della Politica Estera e di Sicurezza Comune (PESC) dell'UE.

2.3. La Commissione europea

La commissione europea è sicuramente l'organo più conosciuto dell'Unione europea, per lo meno nell'ambito del quadro istituzionale. Si tratta dell'organo "più sovranazionale" tra tutte le istituzioni, deputato a rappresentare per cinque anni gli interessi dell'Unione, al meglio delle proprie possibilità. Non c'è da stupirsi, dunque, se la Commissione europea risulta essere l'istituzione più criticata dagli euroscettici e se è sovente descritta come un covo di burocrati non eletti, o un gruppo di attentatori delle sovranità popolari. Ha natura essenzialmente esecutiva, alla pari di un governo nazionale, è composta da n. 27 commissari (uno per Stato membro) e viene istituita in maniera abbastanza peculiare.

Analizziamo di seguito l'iter per la formazione della Commissione europea.

Steps	Svolgimento
1. Proposta da parte del Presidente del Consiglio europeo	A seguito delle elezioni del Parlamento europeo, il Consiglio europeo propone un candidato per il ruolo di Presidente della Commissione Europea. Tale scelta deve tenere conto dei risultati politici risultanti dalle elezioni europee.
2. Nomina del Presidente del Parlamento Europeo	Il candidato proposto dal Consiglio europeo deve ottenere la fiducia dal Parlamento Europeo. In caso negativo, il candidato non è eletto e si torna al punto precedente.
3. Nomina degli altri Commissari	Se eletto, il neopresidente della Commissione individua, su proposta degli Stati membri, gli altri membri commissari.
4. Audizioni al Parlamento europeo	Ciascun commissario designato è sottoposto a un'audizione davanti alle commissioni parlamentari competenti del Parlamento Europeo.
5. Votazioni del Parlamento europeo sul Collegio dei Commissari	Dopo le audizioni, il Parlamento europeo vota a maggioranza semplice sull'approvazione dell'intero Collegio dei commissari (il c.d. "voto

	di fiducia"). In caso di esito negativo, si aprono tre scenari alternativi: (i) i commissari rinunciano alla nomina; (ii) avviene un riesame e una riassegnazione della carica di commissari; (iii) una crisi istituzionale.
6. Nomina Formale da parte del Consiglio dell'Unione Europea	Dopo l'approvazione del Parlamento europeo, il Consiglio dell'Unione europea nomina formalmente la Commissione europea. Essendo il Consiglio dell'Unione lo "specchio" del Consiglio europeo, è pressoché impossibile che il Consiglio dell'Unione non proceda alla nomina.
7. Inizio del mandato della Commissione europea	Una volta nominata, la Commissione europea inizia il suo mandato, e il Presidente della Commissione e i commissari giurano di esercitare le loro funzioni in modo indipendente nell'interesse generale dell'Unione.

Come si è visto, si tratta di un *iter* abbastanza complesso che coinvolge numerosi attori. In primo luogo (Step 1), notiamo immediatamente che è il Consiglio europeo – l'istituzione che riunisce i capi di Governo degli Stati membri – a proporre il candidato Presidente della Commissione europea, subito dopo il termine delle elezioni del parlamento europeo. Questo passaggio è molto significativo, in quanto ci fa comprendere con chiarezza chi sia il soggetto a "individuare" il futuro capo della Commissione europea: gli Stati membri. È forse un caso? Direi proprio di no: gli Stati membri hanno voluto riservarsi questa prerogativa, in modo tale da non doversi trovare a soggetti definitivamente ostici. Tuttavia, la scelta del Consiglio europeo deve necessariamente tenere conto del risultato delle elezioni del Parlamento europeo. Questo significa che il Consiglio europeo sarà costretto a individuare un candidato tra una serie di persone che sono esponenti del gruppo politico maggiormente votato durante le elezioni. Senza entrare troppo nel dettaglio – in quanto vedremo in seguito chi sono questi gruppi politici – per il momento vi basta sapere che nel Parlamento europeo, un po' come nel Parlamento italiano, ci sono partiti di "destra", di "centro" o di "sinistra", ovviamente con diverse sfumature. Se, a esempio, dopo le elezioni del Parlamento europeo dovesse riscontrarsi una vittoria elettorale di un gruppo politico di centro-sinistra, allora il Consiglio europeo dovrà proporre un candidato che provenga da quell'area politica. Questo è un passaggio inevitabile, in quanto questo candidato dovrà ottenere la "fiducia" da parte del Parlamento europeo (Step 2): se il Consiglio europeo non individuasse un candidato politicamente corrispondente al risultato delle urne, il gruppo politico vincitore delle elezioni continuerebbe a bocciare in Parlamento europeo tutti i candidati presentati. A seguire, se il Presidente della Commissione ottiene la fiducia, allora procede a "nominare" gli altri commissari (Step 3), i quali, tuttavia, sono essenzialmente scelti dai singoli Stati membri. Infine, seguono le ulteriori fasi di garanzia da parte del Parlamento europeo: le audizioni dei singoli commissari (Step 4), il voto di fiducia nei confronti della intera Commissione (Step 5). Dunque, la Commissione a quota ventisette commissari inizia il suo mandato dopo essere stata formalmente nominata (Step 6) e dopo aver giurato (Step 7).

Ho voluto soffermarmi sull'*iter* di formazione di questa istituzione per evidenziare due aspetti importanti:

1. l'essenzialità dell'elezione del Parlamento europeo. Non è sbagliato affermare che il Presidente della Commissione europea – l'istituzione che guida l'operato dell'Unione europea – derivi, al netto dell'individuazione da parte del Consiglio europeo, dal risultato delle elezioni del

Parlamento europeo e, dunque, dalla diretta volontà dei cittadini europei. Ciò rappresenta l'ennesimo motivo per il quale è importante che noi tutti ci rechiamo a votare in maniera consapevole: il gruppo politico che emergerà dal voto sarà la fazione politica che poi avrà la guida della Commissione europea;

2. la composizione della Commissione. Negli ultimi mesi, con l'avvicinarsi dell'elezione del Parlamento europeo – e quindi con l'avvicinarsi della composizione di una nuova Commissione europea – si è discusso della necessità di rivedere la composizione della Commissione. Questo argomento non è un tabù, già in passato si è discusso al riguardo, e già in anni recenti molti osservatori si sono schierati contro una composizione di ben 27 commissari, reputando questo numero esageratamente alto. L'argomento adesso è tornato in voga con ulteriore forza, dato che, in un'ipotetica Unione maggiormente "allargata" con nuovi membri (come l'Ucraina, la Serbia, la Repubblica di Macedonia o la Turchia), evidentemente sarà inevitabile prevedere un nuovo sistema di governance, a esempio introducendo una qualche forma di rotazione in seno a questa Istituzione. Un'Unione con più di 30 nazioni, infatti, considerando che ogni Paese intende il ruolo del "*suo*" commissario come una prova di prestigio o di influenza, comporterebbe avere un organo ingestibile ed elefantiaco sotto il punto di vista organizzativo e operativo. Ciò farebbe conseguire, tra l'altro, futuri litigi per avere un commissario, nonché ripicche e malumori da parte dagli eventuali "esclusi".

Identificare il giusto tempo di durata per la rotazione dei commissari sarà, dunque, estremamente importante per il corretto funzionamento dell'organo e per tenere a bada i malumori. Inoltre, ad ogni buon conto, questo sistema di governance sarà indubbiamente un banco di prova per comprendere se sia presente o meno un senso di appartenenza "nazionale" all'Unione.

La Commissione europea, si diceva, è composta da n. 27 commissari i quali non rappresentano, dal punto di vista formale, lo Stato membro che li individua. Questo vuol dire che, il Commissario "individuato" dall'Italia, a esempio, non rappresenterà gli interessi italiani. Il Commissario "belga", così come il Commissario "francese" o "spagnolo", non rappresenteranno gli interessi delle nazioni i cui Governi sono stati i mandanti. E questo per la ragione che i commissari sono soggetti che rappresentano, a titolo personale, la Commissione europea e, nello specifico:

- esercitano le loro funzioni "*in piena indipendenza*", dunque non sollecitando, né accettando "*istruzioni da alcun governo, istituzione, organo o organismo*" (il c.d. requisito di indipendenza);

- sono scelti unicamente "*in base alla loro competenza generale e al loro impegno europeo*" e alle garanzie d'indipendenza che offrono (il c.d. requisito di competenza).

L'effettivo possesso di questi due requisiti (indipendenza e competenza) da parte dei candidati commissari rientra nella piena valutazione politica delle istituzioni che presiedono alla loro nomina, e difficilmente ciò sarebbe contestabile in sede giurisdizionale dinanzi alla Corte di giustizia dell'Unione. Negli ultimi anni, sempre più spesso è accaduto che siano state proposte, e poi nominate come membri della Commissione, personalità che provenivano da un incarico di governo a livello nazionale. Un esempio, fra tanti, per certi versi emblematico, è tutto italiano:

l'attuale commissario europeo individuato dall'Italia è Paolo Gentiloni, *ex* Presidente del Consiglio dei ministri italiano. Questa circostanza, a ben vedere, potrebbe far dubitare, almeno sul piano delle apparenze, delle garanzie di piena "indipendenza" offerte dagli interessati, dato che l'elemento centrale dell'indipendenza richiesta ai membri della Commissione dal Trattato è proprio quella rispetto al governo nazionale di provenienza. Al netto di ciò, tuttavia, desta un certo stupore ascoltare, di tanto in tanto, qualche politicante inorgoglirsi per la nomina di un determinato Commissario in quanto *"migliore garanzia degli interessi del nostro Paese"*; o di altri politicanti che si stupiscono se un Commissario *"sta remando contro i nostri interessi!"*. Affermazioni che dimostrano come si sia capito ben poco di cosa faccia e di come si debba comportare un Commissario europeo…

Soffermiamoci adesso sulle aree di competenza della Commissione. Il Collegio dei commissari opera su aree di intervento che riprendono in buona parte la divisione dei compiti che esiste tra i ministeri di uno stato nazionale. In particolare, i Commissari europei si occupano di numerose materie, tra le quali, a titolo di esempio: mercato interno, giustizia, trasporti, bilancio, lavoro, energia, etc. Nello specifico, ogni commissario sovraintende ai lavori di n. 55 Dipartimenti e di n. 33 Direzioni generali. Alcuni dipartimenti generali "contano" di più rispetto ad altri, quindi sono dotati di finanziamenti maggiori, e questo riflette anche la priorità che la Commissione europea dà all'intervento in determinate materie, invece che in altre. Per farvi un esempio, l'attuale Commissione europea, presieduta dal Presidente Ursula von der Leyen, ha indicato per il quinquennio 2019-2024 sei priorità politiche che fanno conseguire una maggiore importanza a determinate direzioni generali o dipartimenti. Si tratta di un'agenda che riunisce retorica a priorità reali dell'Unione; un'agenda che, ad ogni modo, orienta i lavori della Commissione in una maniera ben precisa:

- "il Green deal europeo";
- "un'economia al servizio delle persone";
- "un'Europa pronta per l'era digitale";
- "un'Europa più forte nel mondo";
- "promozione dello stile di vita europeo";
- "un nuovo slancio per la democrazia europea".

Ogni commissario, inoltre, nell'ambito delle proprie attività relative ai Dipartimenti e alle Divisioni generali, usufruisce di una struttura amministrativa alle spalle, composta da un Gabinetto diretto da un relativo Capo di gabinetto. In particolare, tale organo amministrativo svolge funzioni informative e di segreteria necessarie allo svolgimento dell'incarico dei commissari.

Con riferimento alle funzioni e ai poteri della Commissione, si diceva prima che tale istituzione fosse additata come la "responsabile" di tutto ciò che l'Unione intraprende sul piano delle politiche e delle decisioni legislative. È vero? Onestamente, direi solo in parte. I Trattati, infatti, conferiscono alla Commissione europea le seguenti specifiche funzioni:

- potere di iniziativa legislativa, nell'ambito del procedimento di formazione dei regolamenti, delle direttive e delle decisioni europee;

- potere di promuovere gli interessi generali dell'ordinamento europeo e di garantire l'applicazione dei Trattati;

- svolgere un ruolo esecutivo assimilabile a quello dei Governi nelle esperienze nazionali;

- rappresentare l'Unione negli accordi internazionali e nei procedimenti di entrata o recesso dall'Ue.

Andiamo ad analizzarli singolarmente, nel concreto.

Il potere che maggiormente contraddistingue la Commissione europea è quello di iniziativa legislativa. Più precisamente, la Commissione europea ha il vero e proprio monopolio del potere propulsivo, e infatti, salvo rarissimi casi specificamente individuati dai Trattati, è questa istituzione ad avviare ogni progetto di regolamento, direttiva o decisione. In genere, quindi, gli atti di "diritto secondario" prendono le mosse per impulso di un commissario o di un gruppo di Commissari, e solo in ipotesi residuali possono nascere (i) su stimolo del Consiglio dell'unione, (ii) mediante il recepimento di un pronunciamento della Corte di giustizia dell'unione, oppure (iii) a seguito di una proposta effettuata dai cittadini dell'unione. Ogni proposta di legge, una volta definita nel suo contenuto, viene poi sottoposta al filtro del Consiglio dell'Unione e del Parlamento europeo, ossia le istituzioni che, secondo precisi procedimenti (che approfondiremo), possono decidere se darvi attuazione facendola diventare legge. È importante tenere a mente che il Consiglio dell'Unione non può discostarsi dalla proposta della Commissione, se non votando all'unanimità, e che la Commissione, d'altra parte, può modificare, in ogni momento, la propria proposta iniziale. Questa flessibilità consente alla Commissione, a partire dal proprio potere di iniziativa, di svolgere un ruolo attivo nello stesso negoziato in seno al Consiglio dell'Unione, dato che, mantenendo ferma o modificando una determinata proposta, contribuisce al coagularsi di una maggioranza qualificata.

Dicevamo, inoltre, che la Commissione promuove gli interessi generali dell'ordinamento europeo e garantisce l'applicazione dei Trattati. Queste funzioni sono eseguite dalla Commissione mediante il controllo costante, da parte dei Commissari, sull'attuazione degli atti legislativi e delle politiche ufficiali nell'unione da parte degli Stati membri. A ben vedere, tale potere non si estrinseca in un mero controllo sui Paesi membri: la Commissione è vera esecutrice del diritto e, in questo senso, ha il potere di portare dinanzi alla Corte di giustizia dell'Ue uno Stato membro inadempiente agli obblighi che sono posti dalle norme dei Trattati (a esempio, il principio di "leale collaborazione", già menzionato). Non solo: la Commissione ha anche il potere di sanzionare direttamente, in alcuni casi, i comportamenti contrari al diritto dell'Unione di soggetti privati – a esempio, le grandi società di capitali, sanzionate spesso per "abusi di posizione dominante" – così come gli Stati membri. Al riguardo, è interessante notare che, con riferimento alla mancata attuazione delle politiche o delle norme comunitarie, l'Italia detiene la "maglietta nera" delle trasgressioni: è, infatti, il Paese che più frequentemente è comparso davanti la Corte di giustizia dell'Ue per rispondere delle sue inadempienze o ritardi. Non di meno, si trova in buona compagnia della Grecia e degli insospettabili Belgio e Germania. I paesi più virtuosi invece sono il Regno Unito (*Ei fu...* dato che oramai non è più parte dell'Unione) e la Danimarca, insieme a Finlandia, Svezia e Austria, che si sono adattati abbastanza agevolmente al cosiddetto "*acquis comunitario*", ovverosia l'insieme delle norme e dei Trattati dell'Unione. Anche i paesi dell'Europa dell'est, arrivati dopo l'allargamento del 2004, sono ugualmente reattivi alle norme europee: il problema con loro non sembrerebbe dunque di compliance, piuttosto sarebbe la carenza di un europeismo storico che rende la loro adesione molto strumentale. Salta all'occhio, quindi, che gli Stati membri più europeisti sono di solito quelli più restii ad osservare pienamente le regole dell'Unione.

Al fianco delle funzioni di iniziativa legislativa, di controllo e di esecuzione del diritto Ue, la commissione europea ha potere di "azione esterna" dell'Unione. Tale potere non è un fatto nuovo, infatti, fino alla ratifica del Trattato di Lisbona, il compito di rappresentare l'Unione nei confronti dell'esterno già esisteva ed era tripartito. Vi erano, in particolare: (i) il Presidente della Commissione; (ii) il commissario per le relazioni esterne; e (iii) il cosiddetto "Mister PESC", una figura dirigenziale che rispondeva al Consiglio dell'Unione. Con l'entrata in vigore del trattato di Lisbona, invece, la Commissione europea detiene, nella persona del Presidente della Commissione, la rappresentante ufficiale dell'Unione nei confronti dei Paesi terzi, nonché delle organizzazioni internazionali. Inoltre, si è eliminata la tripartizione dei poteri e delle figure precedenti, sostituendo il tutto con l'istituzione di un Alto rappresentante dell'Unione per gli Affari esteri. L'alto rappresentante è, in pratica, un commissario che, ulteriormente alle proprie funzioni, ricopre la carica di Vicepresidente della Commissione e presiede, inoltre, il Consiglio dell'Unione quando si riunisce per trattare gli argomenti di politica estera. In definitiva, ha l'incarico di dirigere la politica estera e di sicurezza comune dell'unione, con pieno potere di iniziativa, nonché il servizio esterno dell'unione, che altri non è che il servizio diplomatico dell'Unione.

Vista in questo modo, sembrerebbe, dunque, che l'Unione abbia tutti gli strumenti per poter compiere una propria azione esterna nei confronti del resto del globo. Eppure, se così fosse, non si spiegherebbe la totale assenza del ruolo dell'Unione nel contesto geopolitico internazionale. Invero, l'Alto rappresentante, che sulla carta dei Trattati è ben munito di funzioni, deve ricevere un mandato da parte degli Stati membri per operare compiutamente. I suoi poteri e la sua capacità di intervento sono, in particolare, il riflesso immediato della disponibilità degli Stati membri a cedere competenze e, per questo, si può tranquillamente affermare che l'Alto rappresentante, allo stato attuale dei fatti, è un funzionario che rasenta l'inutilità, dato che nessuno degli Stati membri è propenso a cedere alcun ché. L'Alto rappresentante non è altro che una promessa che cerca spazi e modi per la sua realizzazione, in assenza di una precisa legittimazione da parte degli Stati membri.

In ultima istanza, si segnala che la Commissione è anche responsabile in materia di Trattati e ai fini di rappresentare, all'esterno, l'Unione. Più nel concreto, il Collegio dei commissari è competente a valutare l'opportunità di far aderire nuovi Stati all'Unione, secondo le regole previste dai Trattati. Inoltre, una volta avviato un processo di adesione all'Ue per uno Stato terzo, agisce come consulente del Consiglio dell'Unione nelle negoziazioni.

La somma delle competenze sin qui descritte finisce per dare alla Commissione un ruolo e una responsabilità determinanti nell'orientare l'azione legislativa (e anche politica...) dell'Unione. Che sia, infatti, attraverso l'esercizio di un potere di iniziativa, oppure attraverso le scelte concretamente assunte in materia di vigilanza sulle violazioni del diritto dell'Unione, la Commissione svolge inevitabilmente un ruolo di impulso e di indirizzo dell'attività dell'Ue senza eguali nel panorama istituzionale. Ciò potrebbe stupire, ma in realtà, a conti fatti, non può che essere così, essendo questa Istituzione la vera portatrice degli interessi dell'Unione.

Un ultimo accenno sulla figura del Presidente e sullo *staff* della Commissione. Il Presidente della Commissione è un soggetto-chiave della Commissione che gode di una posizione autonoma e gerarchicamente preminente rispetto agli altri membri del Collegio. In particolare, distribuisce i portafogli tra i colleghi commissari, distribuisce loro gli incarichi a sua discrezione e definisce in generale le linee strategiche dell'operato della Commissione. Dovete immaginarlo, quindi, un po' come il

"Presidente del Consiglio dei ministri" italiano, ma, appunto, europeo. A inizio di ogni legislatura, presenta un "programma" di governo indicante le priorità e le prerogative della Commissione. Inoltre, con l'entrata in vigore del Trattato di Lisbona i poteri del Presidente della Commissione sono ulteriormente aumentati e, da allora, non rappresenta più un soggetto di mero coordinamento. Allo stato attuale, il Presidente della Commissione, seppur con obbligo di motivazione, ha il potere di silurare qualsiasi commissario del Collegio con una semplice comunicazione, ivi compreso l'Alto rappresentante e il Vicepresidente.

Per quanto concerne lo *staff* della Commissione, esso consta di circa n. 32.000 dipendenti. Nonostante in termini assoluti possa apparire come un numero importante, a ben vedere, si tratta di numeri complessivamente contenuti, se si considera l'insieme delle attività che ricadono sotto le competenze della Commissione e se si pensa che il solo Ministero dell'Interno italiano, da solo, occupa circa n. 4.600 dipendenti civili e che la Regione Sicilia ne occupa circa 15.000. In particolare, nel novero dei dipendenti della Commissione europea, gli italiani rappresentano il secondo gruppo nazionale più rappresentato con circa n. 4.100 dipendenti, dopo i belgi (circa n. 4.700) e prima dei francesi (circa n. 3.200). Complessivamente, il personale è impiegato come di seguito riportato:

- il 10% è impiegato nel lavoro di stesura delle proposte di direttive, regolamenti e decisioni, che la Commissione sottopone poi al Consiglio dell'Unione e al Parlamento europeo;

- il 17,5% è coinvolto nella gestione dei programmi e dei progetti gestiti dalla Commissione;

- il 12,5% è coinvolto nei compiti di coordinamento e di consultazione interna;

- il 12,5% è dedicato alla gestione amministrativa;

- il 47,5% rimanente è impiegato in attività di ricerca, traduzione e interpretazione (ogni documento di lavoro destinato alla pubblicazione deve essere tradotto nelle 24 lingue ufficiali dell'Unione).

Si evidenziano, in chiave sintetica, gli aspetti maggiormente caratterizzanti della Commissione europea:

- è composta da un cittadino "commissario" per ogni stato membro, ivi compresi il Presidente della Commissione e l'Alto rappresentante per gli Affari esteri dell'Unione;

- promuove gli interessi generali dell'ordinamento europeo;

- garantisce l'applicazione dei Trattati e, in generale, del diritto dell'Unione;

- svolge un ruolo esecutivo dell'Ue, per certi versi assimilabile a quello dei governi nelle esperienze nazionali;

- ha il monopolio dell'iniziativa legislativa nell'ambito dell'Unione;

- rappresenta l'Ue negli accordi internazionali, nei procedimenti di entrata o recesso dall'Ue.

2.4. Il Parlamento europeo

a. UN INQUADRAMENTO GENERALE

È giunto il momento di analizzare l'istituzione che, in tutti gli Stati membri dell'Unione, tra il 6 e il 9 giugno 2024, sarà oggetto delle elezioni. Innanzitutto, il Parlamento europeo è la più grande assemblea elettiva multinazionale del mondo. È composta dai parlamentari europei, ovverosia i rappresentanti eletti da parte dei cittadini dei vari Stati membri dell'Unione, a suffragio universale, diretto, libero e segreto:

- UNIVERSALE, in quanto il diritto di voto è esteso a tutti i cittadini adulti, senza distinzione di razza, sesso, classe sociale o altre caratteristiche personali;
- DIRETTO, in quanto gli elettori votano direttamente per i candidati dei vari partiti, senza intermediari o rappresentanti che prendano decisioni al loro posto;
- LIBERO, in quanto ogni cittadino ha il diritto di recarsi, o non recarsi, alle urne a votare;
- SEGRETO, in quanto mediante la segretezza del voto è garantita la libera espressione della volontà individuale, senza timori di ripercussioni.

Come si è visto nel primo capitolo, la prima assemblea parlamentare a vedere la luce fu l'Assemblea comune, istituita a Parigi con il Trattato istitutivo della CECA. A seguire, con la firma del Trattato di Roma, nel 1957 fu istituita la CEE e, dunque, l'Assemblea comune fu sostituita dall'Assemblea parlamentare europea. Quest'ultima, poi, mutò il suo nome nel 1962, diventando il Parlamento europeo. I primi rappresentanti italiani dell'Assemblea Comune furono grandi personalità come Ferruccio Parri (già Presidente del Consiglio dei ministri ed espressione della Resistenza Antifascista), Alcide De Gaspari, Amintore Fanfani, Ugo La Malfa, Antonio Martino e Giovanni Malagodi. Stiamo parlando di giganti della politica, di uomini dalla caratura intellettuale e politica altissima. Tutti loro avevano maturato, nella diversità del proprio credo politico, una convinzione: il parlamento europeo era un'istituzione pronta ad andare "oltre" gli Stati nazionali e, allo stesso tempo, a ricercare connessioni profonde con loro. Si tratta di una novità inedita in tutto il mondo: non si era mai vista un'assemblea politica che rappresentasse l'interesse di più Stati nazionali. Eppure, ciò era quello che gli Stati europei avevano voluto costruire passo dopo passo, dopo le catastrofiche guerre in seno all'Europa scatenate in nome dei sovranismi nazionalisti. In questo, l'Italia fu apripista: nel 1948, per la prima volta nella storia delle Costituzioni, la Carta costituzione italiana consentiva, in forza dell'art. 11, "limitazioni" al dogma della sovranità nazionale.

Il Parlamento europeo, come vedremo nei successivi paragrafi, è l'istituzione più democratica dell'Unione europea, in quanto riunisce al suo interno i deputati europei che rappresentano la volontà politica dei cittadini europei. Ha funzioni numerose ed estremamente rilevanti, a partire dal controllo politico sulle altre istituzioni, al potere legislativo, sino al potere di sfiduciare la Commissione europea. Nonostante molti osservatori ripetano come un disco rotto il mantra per il quale questa istituzione rappresenti un "anello debole" dell'Unione, il Parlamento europeo, in realtà, ha oggi molti poteri e prerogative che in passato non aveva. Poteri e prerogative che analizzeremo singolarmente, nello specifico, per fare chiarezza sulle numerose leggende metropolitane che circolano nei bar o nelle piazze virtuali. Ovviamente non sostengo sia un'istituzione perfetta. Il Parlamento europeo ha diversi aspetti migliorabili, che approfondiremo. Tuttavia, l'analisi che compiremo ci consentirà di avere maggiore contezza e misura dei pro e dei contro di questa istituzione.

b. LA SEDE E LA COMPOSIZIONE DEL PARLAMENTO EUROPEO

Oggi il Parlamento europeo ha ben tre sedi: (i) la sede ufficiale a Strasburgo, dove si svolgono le sedute plenarie mensili; (ii) la sede di Bruxelles, dove operano e si riuniscono le commissioni parlamentari; e (iii) la sede nel Lussemburgo, dove si collocano gli uffici amministrativi. Il perché di questa dispendiosa e insensata scelta deriva da ragioni storico-politiche: fu Strasburgo ad assegnare la linea di pace dopo le tante guerre europee e, comunque, né la Francia, né il Belgio, né il Lussemburgo vogliono allo stato attuale rinunciare ad ospitare una quota delle attività del Parlamento europeo. *Primo aspetto negativo, direi. Ma procediamo.*

Sia l'Assemblea Comune della CECA (la quale aveva n. 78 membri), sia l'Assemblea parlamentare europea e, poi, il Parlamento europeo (le quali avevano n. 142 membri), riunivano rappresentanti nominati mediante designazioni da parte degli Stati membri, tra i propri parlamentari nazionali. Dunque, i primi "rappresentanti" europei non rappresentavano proprio nessuno, in quanto non erano frutto di alcuna elezione e venivano nominati dai vertici di partito. *Secondo aspetto negativo...* Bisognerà aspettare tredici anni per affermare un principio di democrazia, quando, durante il Consiglio europeo di Roma del 1975, i Capi di Stato e di Governo decisero che il Parlamento europeo sarebbe stato eletto con suffragio universale diretto a partire dal giugno 1978. Data slittata, poi, al 1979. *Terza criticità.*

Ad ogni modo, con il progressivo ampliamento dei componenti dell'Unione, il numero dei parlamentari europei era destinato ad aumentare in maniera rilevante. Infatti:

- nel 1973 l'ingresso del Regno Unito, della Danimarca e dell'Irlanda aumentò il numero degli europarlamentari a n. 198;

- nel 1975 nel Consiglio europeo di Roma, si aumentò il numero a n. 410;

- nel 1981 l'ingresso della Grecia aumentò il numero a n. 435;

- nel 1986 l'ingresso della Spagna e del Portogallo aumentò il numero a n. 567;

- nel 1995 l'ingresso dell'Austria, della Finlandia e della Svezia aumentò il numero a n. 626;

- nel 2001, nell'ambito delle negoziazioni del Trattato di Nizza, il numero di europarlamentari aumentò a n. 736;

- tra il 2004 e il 2013, con l'ingresso di Cipro, Lettonia, Lituania, Slovacchia, Ungheria, Malta, Polonia, Repubblica Ceca, Estonia, Bulgaria, Romania e Croazia il numero aumentò a n. 751 parlamentari europei;

Una diminuzione si verificò, invece, con la fuoriuscita del Regno Unito dall'Unione, avvenuta con referendum popolare nel 2016 e concretizzatasi nel 2020, a seguito di ardui negoziati tra la Commissione e il Governo britannico. Allo stato attuale, pertanto, il Parlamento riunisce n. 705 rappresentanti.

c. COME SONO RIPARTITI I SEGGI

La ripartizione dei seggi in seno al Parlamento europeo è un tema molto delicato che più volte è stato affrontato in sede di Consiglio europeo. La ripartizione da ultimo adottata, con la firma del Trattato di Lisbona, cerca di riflettere in maniera proporzionale la popolazione degli Stati membri. Il sistema attuale, infatti, tiene conto della dimensione della popolazione di ciascun Paese, cercando di garantire, al contempo, una rappresentanza equa per gli Stati meno popolosi. Più nello specifico, la ripartizione dei seggi si basa sui seguenti princìpi:

- proporzionalità della popolazione: maggiore è la popolazione di uno Stato membro, più sono i seggi che uno Stato ha a sua disposizione;

- principio della "proporzionalità decrescente": sebbene i paesi più popolosi abbiano diritto ad avere più seggi, il tasso di crescita del numero di seggi diminuisce man mano che la popolazione aumenta. Questo principio è stato introdotto per garantire un'equità maggiore in termini di rappresentanza, tra gli Stati membri più popolosi e quelli meno popolosi;

- numero minimo e numero massimo di seggi: ogni Stato membro ha diritto a un numero minimo di seggi (n. 6) e non può superare un numero massimo (n. 96). Questo principio, come quello della proporzionalità decrescente, garantisce una maggiore tutela degli Stati membri meno popolosi;

- distribuzione equa: si tratta di una linea guida generale in forza della quale la rappresentanza deve essere bilanciata in modo che tutti gli Stati membri, indipendentemente dalle loro dimensioni, siano adeguatamente rappresentati.

Questi princìpi hanno un'importanza estrema se si pensa che, dalla loro attuazione, uno Stato membro acquisisce una maggiore o minore rappresentanza in seno al Parlamento europeo. Inoltre, è grazie ai princìpi di equità che, a esempio, la Germania, nonostante in termini assoluti faccia la parte del dragone (ben 96 europarlamentari), in realtà sia lo Stato membro dell'Ue più sottorappresentato dell'Unione, in una logica di popolositàrappresentanti: mentre bastano n. 60.000 voti per eleggere un parlamentare europeo del Lussemburgo, ne occorrono 830.000 per un parlamentare europeo tedesco.

d. DURATA E CARATTERISTICHE DEL MANDATO EUROPARLAMENTARE

La durata di una legislatura europarlamentare è di cinque anni, come la durata del parlamento in Italia. A differenza di quanto accade da noi, però, il Parlamento europeo non può essere "sciolto" anticipatamente: in Italia, infatti, nel caso in cui il Presidente della Repubblica riscontri che non vi sia più una maggioranza politica, può sciogliere le Camere e indire nuove elezioni. La solidità del Parlamento europeo ben si sposa con l'integrità dell'organo di governo dell'Ue, la Commissione europea, che anch'esso dura cinque anni. Da noi, invece, il Governo è decisamente molto più ballerino e ha una durata, in media, decisamente inferiore ai cinque anni prescritti dalla Costituzione: la realtà dei fatti è che a causa di crisi di governo, dimissioni volontarie del Presidente del Consiglio dei ministri o scioglimento anticipato delle Camere, in Italia, dal 1948 ad oggi, abbiamo avuto n. 63 governi, con una durata media di un anno e due mesi. Una storia tutta italiana, purtroppo.

Mettendo da parte gli aspetti nostrani, un tema interessante che contraddistingue il Parlamento europeo da molte esperienze parlamentari nazionali, inoltre, è il sistema elettorale adottato. Le regole per eleggere un parlamentare europeo, infatti, non sono omogenee in tutti i Paesi membri. Ci sono alcune regole comuni e altre diverse. A esempio, è comune a tutti gli Stati membri il sistema proporzionale, ovverosia il sistema per cui *"più voti prendi, più seggi vedrai assegnarti"*; tuttavia, non è comune la previsione di contemplare la possibilità di esprimere un voto di preferenza tra candidati o la possibilità di prevedere una soglia di sbarramento percentuale al di sotto della quale le forze politiche non possono ottenere rappresentanti. L'Italia, in particolare, ha deciso di introdurre una soglia di sbarramento al 4%, nel 2009. Ciò vuol dire che, in occasione delle elezioni europee, ogni partito italiano che si candida a eleggere propri parlamentari europei deve raggiungere, in Italia, minimo il 4% dei voti complessivamente validi. Sotto questa percentuale la rappresentanza non è considerata legittima e i voti ottenuti vengono proporzionalmente distribuiti agli altri partiti politici. Come in Italia, hanno la soglia di sbarramento al 4% anche l'Austria e la Svezia; invece, gli Stati che hanno tale soglia al 5% sono la Francia, la Lituania, la Polonia, la Slovacchia, la Repubblica Ceca, la Romania e l'Ungheria. Infine, hanno una soglia di sbarramento al 3%, la Grecia, mentre Spagna e Germania dovranno presto introdurla.

Dopo che i parlamentari vengono eletti da tutti gli Stati membri inizia il cosiddetto "mandato europarlamentare", ovverosia gli eletti iniziano a svolgere il proprio incarico per la durata di cinque anni. Il mandato europarlamentare, in particolare, è incompatibile con quello di parlamentare nazionale, membro di un governo, di Presidente di regione, di assessore o consigliere regionale, di presidente di provincia, di sindaco di un comune con più di 15.000 abitanti. Ciò, per garantire una maggiore imparzialità del parlamentare europeo e per consentire uno svolgimento efficace tanto della carica europea, quanto dell'incarico nazionale locale. Dal 2009, la retribuzione dei membri del Parlamento europeo è a carico del bilancio dell'Unione. Il Parlamento europeo, a tal riguardo, effettua costanti controlli per evitare favoritismi e nepotismi nella scelta dei collaboratori degli europarlamentari; infatti, nessun parlamentare europeo può assumere un parente come collaboratore né può controllarne direttamente la retribuzione. In particolare, è il Parlamento europeo a stipulare un contratto con il collaboratore, lasciando al parlamentare il potere di decidere la durata del contratto e la retribuzione annua secondo tabelle già definite.

e. STRUTTURA E FUNZIONAMENTO DEL PARLAMENTO EUROPEO

Come avviene nei parlamenti nazionali, anche nel Parlamento europeo l'intero funzionamento dell'assemblea è in mano ai "gruppi politici" che lo compongono, i quali sono promotori di ogni attività e sono responsabili dell'andamento dei lavori. In particolare, questi "gruppi politici" non sono altro che un gruppo di parlamentari europei che provengono da diversi partiti nazionali e che condividono, in larga misura, le stesse sensibilità politiche. Per fare un esempio, nel Parlamento europeo può esserci un gruppo politico più "conservatore" che è costituito da parlamentari italiani, francesi, spagnoli, etc.; un gruppo politico più "liberale" o più "socialista", che riunisce parlamentari di greci, belga, polacchi, etc; un gruppo politico più "euroscettico" o volto alla rivoluzione "green", composto da parlamentari ungheresi, olandesi, svedesi, etc., e via dicendo. Detto in altre parole, questi gruppi politici sono delle "famiglie" politiche che hanno medesime convinzioni politiche e che perseguono gli stessi obiettivi politici. Con riferimento all'Italia, per fare alcuni esempi, il Partito Democratico si collocherà in un determinato gruppo europeo insieme ad altri partiti simili a lui, provenienti da altri Paesi; il Movimento 5 Stelle si collocherà in un altro gruppo, dove risiederà con altri partiti nazionali; la Lega in un altro ancora, Fratelli d'Italia in un gruppo ulteriore, e via dicendo. Più in avanti vedremo nel dettaglio come nel Parlamento Ue ci siano attualmente otto gruppi politici, ognuno dei quali ha al suo interno parlamentari che provengono praticamente da ogni Stato membro. Inoltre, ci soffermeremo sul collocamento dei partiti italiani in Europa, un aspetto politico estremamente interessante che ci mostrerà nuove chiavi di lettura con cui guadare i partiti nazionali.

Tornando alla struttura del Parlamento europeo, per costituire un gruppo politico occorre che:

- vi siano almeno venticinque parlamentari europei;

- tra questi parlamentari europei possano annoverarsi rappresentanti eletti in almeno un quarto degli Stati membri (dunque, devono essere presenti almeno sette Stati membri);

- tra gli europarlamentari eletti vi sia un'affinità politica (in particolare, è necessario che i parlamentari europei che vogliono costituire un gruppo politico effettuino una dichiarazione politica scritta, condivisa da tutti i suoi membri, nella quale viene definito il proprio obiettivo politico.

Come si diceva in precedenza, l'intero funzionamento del Parlamento europeo dipende dai gruppi politici. Questo perché ogni gruppo politico, in particolare, è presieduto da un proprio "leader" detto "capogruppo", il quale, insieme al Presidente del Parlamento europeo – soggetto distinto dai capigruppo, in quanto "direttore" dell'intera istituzione" – si riunisce periodicamente nella "conferenza dei presidenti", ovverosia l'organismo che fissa l'ordine del giorno delle sedute parlamentari, organizza i lavori del Parlamento europeo e, dunque, dal punto di vista istituzionale, svolge un ruolo assolutamente decisivo all'interno del Parlamento europeo e quindi sulle funzioni che esso svolge. Pertanto, è la conferenza dei capigruppo a dettare la linea dei lavori, e tale conferenza è il centro delle discussioni, delle mediazioni e dei compromessi tra i diversi gruppi politici, capitanati dai capigruppo.

Con riferimento al funzionamento, come ogni altra

assemblea rappresentativa, anche il Parlamento europeo elegge un proprio Presidente, è dotato di un ufficio di Presidenza e organizza i suoi lavori in commissioni. In particolare, il Parlamento europeo opera mediante: (i) commissioni permanenti, (ii) commissioni speciali, (iii) commissioni di inchiesta e (iv) commissioni miste. Andiamo per ordine:

- le commissioni permanenti. Tali commissioni costituiscono il vero luogo di lavoro del Parlamento europeo e costituiscono, fin dalle origini, il tempio della produzione normativa contrapposto al "mulino di chiacchiere" dell'Assemblea plenaria (espressione, quest'ultima, a mio avviso, detestabile, in quanto anche l'assemblea plenaria è un organo fondamentale sotto il profilo politico). Sono composte sulla base dei gruppi politici, dunque, più un gruppo politico è forte in parlamento, più le commissioni avranno componenti provenienti da quella famiglia politica. Le commissioni sono venti e possono essere composta da un minimo di venticinque a un massimo di settantatré parlamentari europei. Le commissioni permanente lavorano sui testi dei regolamenti, delle direttive e delle decisioni europei, affossando e promuovendo emendamenti. Inoltre, partecipano all'*iter* di formazione delle leggi europee;

- le commissioni speciali. Sono commissioni parlamentari costituite temporaneamente, per compiti particolarmente tecnici e specifici. In genere, hanno una durata di dodici mesi;

- le commissioni di inchiesta. Sono commissioni istituite per esaminare le denunce di cattiva amministrazione nell'applicazione del diritto dell'Unione europea. Anch'esse hanno una durata, in genere, di dodici mesi;

- le commissioni miste. Sono commissioni istituite per far collaborare i parlamentari europei con i parlamentari nazionali provenienti dagli Stati membri. Sono istituite per scopi specifici.

Infine, un accenno sulla figura del Presidente del Parlamento europeo. Il Presidente del Parlamento Ue è il soggetto che coordina il lavoro dei gruppi politici e si occupa di dirigere i lavori parlamentari e lo svolgimento dei lavori in assemblea. È, dunque, il garante e responsabile del buon andamento dei lavori di questa importante istituzione. La sua carica dura due anni e mezzo, ovverosia metà legislatura, e prevede la facoltà di essere rieletto per ulteriori due anni e mezzo. Mentre in un Parlamento nazionale il Presidente è espressione del partito politicamente più votato, all'interno del Parlamento europeo egli viene scelto attraverso una procedura di contrattazione tra tutti i gruppi politici. Negli ultimi anni, in particolar modo dal gennaio 2017, questa importante carica è stata detenuta dall'Italia: nel 2017, Antonio Tajani subentrò al tedesco Martin Schulz per concludere il quinquennio (2014-2019); nel 2019, fu eletto per la carica di Presidente l'italiano David Sassoli, il quale, con grande rammarico della politica nazionale tutta, nonché europea, venne a mancare prematuramente nel gennaio 2022; infine, in successione a David, è stata nominata presidente del Parlamento europeo l'Italiana Roberta Metsola, attualmente in carica.

f. Poteri e funzioni del Parlamento europeo

Molto spesso quando mi sono trovato a parlare con amici o colleghi di Unione europea e, in particolare, del Parlamento europeo, ho ascoltato spesso dire che "il Parlamento europeo è un'istituzione che non conta niente". Per carità, il parlamento europeo (e prima di questo, le varie assemblee che si sono succedute) non è nato con poteri e funzioni rilevanti, come abbiamo visto nel primo capitolo. Fondamentalmente, aveva la facoltà di dare un proprio parere sul bilancio della comunità europea, dunque aveva unicamente poteri consultivi. Tuttavia, con il passare dei decenni tali poteri si sono ampliati e sono cresciuti considerevolmente le sue prerogative. Le forze politiche che proclamano l'inutilità del Parlamento Ue, tra l'altro, sono, spesso, le forze meno attive in sede assembleare, di fatto praticamente assenti nelle dinamiche parlamentari, con partecipazioni che rasentano lo zero. Sostenere oggi l'inutilità del Parlamento europeo è una tesi che fa acqua da tutte le parti, essendo questo detentore di numerosissime funzioni, catalogabili in quattro distinti macro-poteri:

- il potere legislativo;
- il potere di controllo politico;
- il potere di controllo economico;
- il potere "esterno".

Andiamoli ad analizzare singolarmente.

IL POTERE LEGISLATIVO

Con l'Atto unico europeo del 1987, la legislazione europea comincia a diventare, con la cosiddetta "procedura di cooperazione", una legislazione parlamentare. In altre parole, il Parlamento europeo, insieme con il Consiglio dell'unione, dà luogo a una sorta di "bicameralismo imperfetto" come quello che conosciamo in Italia tra Camera dei deputati e Senato della Repubblica. Infatti, quasi di riflesso, il Consiglio dell'Unione assume un ruolo paragonabile a quella di una "seconda" camera, ma seconda in senso cronologico, dato che ogni iniziativa legislativa promossa dalla Commissione europea viene in primo luogo esaminata dal Parlamento europeo e poi, appunto, dal Consiglio dell'Unione. La struttura del Parlamento europeo, in particolare, è simile a quella di altre camere legislative europee, anche se, ad oggi, mancano diversi poteri caratteristici dei parlamenti nazionali. In primo luogo, al netto del fatto che il Parlamento Ue con il Trattato di Lisbona ha aumentato significativamente i suoi poteri, ad oggi non possiede ancora:

- un autonomo potere di approvare le leggi;
- un autonomo potere di iniziativa legislativa.

Il Parlamento europeo, infatti, può adottare provvedimenti di legge solo in collaborazione con il Consiglio dell'Unione e, con riferimento alla possibilità di "promuovere" un testo di legge, ha solo un potere di iniziativa nei confronti della Commissione europea, il cosiddetto potere di "iniziativa sull'iniziativa". Questo potere si sostanzia nella possibilità del Parlamento europeo di sottoporre alla Commissione un tema da regolamentare; quest'ultima, poi, rimane detentrice del potere di dare seguito o meno alla richiesta del Parlamento, ma, in ogni caso, deve motivare la propria decisione sia al Parlamento europeo che al Consiglio dell'Unione.

Un ulteriore potere acquisito con il Trattato di Lisbona è quello relativo alla possibilità del Parlamento europeo di acquisire la raccolta di un milione di firme di cittadini europei, residenti in almeno sette Stati membri dell'Unione. Se i cittadini europei riescono a raccoglie un tale numero di firme, è possibile invitare la Commissione europea, per il tramite del Parlamento europeo, a presentare una proposta di atto legislativo al riguardo. Inoltre, parallelamente, qualsiasi cittadino dell'Unione ha il diritto, altresì, di presentare individualmente o in associazione una petizione al

Parlamento europeo, su una materia che rientra nel campo di attività dell'Unione e che lo concerne direttamente. La petizione è esaminata da un'apposita commissione parlamentare che, in caso di accoglimento, può (i) decidere di elaborare una relazione; (ii) pronunciarsi in altro modo, producendo una risoluzione o (iii) può trasmettere il tutto al Parlamento europeo.

Procedendo all'analisi dei poteri legislativi del Parlamento europeo, si è detto che la situazione di "subalternità" del Parlamento europeo nei confronti degli altri organi dell'Unione è andata diminuendo nel corso dei decenni. In particolare, con l'Atto unico europeo si introdusse la procedura legislativa di cooperazione, mentre con il Trattato di Maastricht si introdusse la procedura legislativa di codecisione, una procedura che forniva al Parlamento uno strumento concreto non solo per rallentare l'iter legislativo, bensì, in talune ipotesi, anche per bloccarlo. Infine, con il Trattato di Lisbona si estese il numero di casi in cui tale procedura doveva essere utilizzata, prevedendone l'uso in praticamente tutte le materie: la procedura di codecisione diventa, di fatto e di diritto, la procedura legislativa ordinaria, ad oggi vigente. Ad ogni modo, in generale, l'iter legislativo che conduce all'adozione di un regolamento, di una direttiva o di una decisione dell'Unione vede la partecipazione di più istituzioni o organi, non sempre, per altro, con le medesime modalità. La partecipazione di *questa* o *quell'altra* istituzione, la partecipazione di *questo* o *quell'altro organo* cambia a seconda del contenuto dell'atto da adottare. Così, per esempio, il "Comitato economico e sociale" dovrà partecipare al procedimento legislativo quando si tratta di adottare atti in materia di libera circolazione dei lavoratori o di politica industriale; allo stesso modo, il "Comitato delle regioni" sarà chiamato a partecipare all'iter legislativo nel caso si dovesse adottare un atto in materia di coesione economica e sociale o in materia di reti transeuropee. Essendo numerose le materie in cui l'Unione europea legifera, sono altrettanto numerose le sensibilità a cui deve far riferimento: ciò fa sì che le procedure attraverso cui si arriva all'adozione di un atto legislativo siano particolarmente numerose – ad essere precisi, allo stato attuale, esse superano la ventina – ma questo riflette appunto un equilibrio di ruoli che i Trattati hanno voluto di volta in volta individuare rispetto ad ogni decisione normativa importante dell'Unione.

Ad ogni modo, al netto degli organi che saltuariamente possono entrare a far parte di un iter legislativo, è possibile comunque inquadrare e determinare la procedura legislativa ordinaria, l'iter legislativo principale usato in Unione europea che presenta una struttura fissa. La "procedura legislativa ordinaria" è la procedura che, allo stato attuale, rappresenta, per quantità e qualità, l'iter decisionale con il maggior impatto in termini di produzione normativa. Ciò vuol dire che con tale procedura si produce un consistente numero di regolamenti, direttive e decisioni, nei più importanti settori e nelle più rilevanti materie, quali, a esempio, il mercato interno, l'ambiente, i consumatori, la ricerca e lo sviluppo e i trasporti. Il Consiglio dell'Unione ne rimane pur sempre il centro di gravità, nel senso che non vi è praticamente atto la cui emanazione non richieda il suo intervento. Tuttavia, il suo potere decisionale è bilanciato dalla partecipazione del Parlamento europeo, nonché dagli organi espressivi di interessi differenti da quelli dei governi. Questa procedura, dunque, è ideata per condurre alla mediazione le tre istituzioni politiche principali, ovverosia il Consiglio dell'unione, quale organo rappresentativo degli Stati membri intesi come apparati di governo (la "Camera degli Stati membri"); il Parlamento europeo, quale organo rappresentativo dei cittadini dell'unione (la "Camera dei cittadini") e la Commissione europea quale organo rappresentativo dell'interesse generale dell'Unione.

Vi riporto di seguito l'iter della procedura legislativa ordinaria:

	Procedura
1.	**La proposta della Commissione** La Commissione europea, titolare del potere d'iniziativa, predispone il progetto di regolamento, direttiva o decisione e lo inoltra al Parlamento europeo.
2.	**La prima lettura del Parlamento Ue** Il Parlamento europeo adotta la propria posizione, in "prima lettura", e la trasmette al Consiglio dell'Unione. L'*iter*, dunque, prosegue.
3.	**La prima lettura del Consiglio dell'Unione** Il Consiglio recepisce l'atto come modificato dal Parlamento europeo. Si aprono. Alternativamente, due scenari: il Consiglio approva la posizione del Parlamento europeo, in tal caso, l'atto si considera adottato; il Consiglio adotta una propria posizione, in prima lettura, sull'atto trasmesso dal Parlamento. Ciò avviene nella stragrande maggioranza dei casi, sia perché il Consiglio vuole modificare quanto inserito dal Parlamento Ue, ma anche perché, è difficile che condivida *ab origine* la proposta della Commissione. L'*iter*, dunque, prosegue.
4.	**La seconda lettura del Parlamento Ue** Il Parlamento Ue, recepito l'atto come modificato in prima lettura dal Consiglio dell'Unione, ha tre mesi di tempo per pronunciarsi su di esso. Si aprono, alternativamente, quattro scenari: il Parlamento Ue approva l'atto trasmesso dal Consiglio dell'Unione (c.d. approvazione esplicita). L'atto si considera adottato; il Parlamento Ue non si pronuncia nei successivi tre mesi (c.d. approvazione implicita). L'atto si considera adottato; il Parlamento Ue boccia l'atto trasmesso dal Consiglio. L'atto non si considera adottato e la procedura termina; il Parlamento propone ulteriori emendamenti all'atto trasmesso dal Consiglio dell'Unione. L'*iter*, dunque, prosegue.
5.	**Il subentro della Commissione** La Commissione Ue subentra nella procedura per formulare un proprio parere (positivo o negativo) in merito all'atto, così come

	emendato. Dopodiché lo trasmette al Consiglio dell'Unione. *L'iter, dunque, prosegue*.
6.	La seconda lettura del Consiglio dell'Unione Il Consiglio dell'Unione prende visione del documento trasmesso dal Parlamento Ue, con il parere della Commissione. Si aprono quindi tre scenari: • il Consiglio dell'Unione, entro tre mesi, approva a maggioranza qualificata l'atto emendato dal Parlamento Ue. *L'atto si considera adottato*; • il Consiglio dell'Unione, entro tre mesi, approva all'unanimità l'atto emendato dal Parlamento Ue, se la Commissione ha dato parere negativo (a causa delle troppe modifiche); *L'atto si considera adottato*; • il Consiglio non approva l'atto emendato. *L'iter, dunque, prosegue*.
7.	Il Comitato di Conciliazione. Il Consiglio dell'Unione e il Parlamento Ue convocano un comitato di conciliazione composto da tutti i membri del Consiglio, da alcuni parlamentari Ue e da alcuni commissari (dunque, componenti di tutte e tre le istituzioni decisionali). Il Comitato deve trovare un accordo su un "progetto comune" entro sei settimane. Si aprono, quindi, due scenari: • il Comitato di conciliazione non giunge ad un accordo. *L'atto non si considera adottato e la procedura termina*; • il Comitato di conciliazione trova un accordo su un "progetto comune" e trasmette il testo dell'atto legislativo, così come modificato in sede di negoziato. *L'iter, dunque, prosegue*.
8.	La terza lettura del Consiglio dell'Unione e del Parlamento Ue Consiglio dell'Unione e Parlamento Ue recepiscono l'atto come modificato in sede di Comitato di conciliazione. Si aprono, alternativamente, due scenari: • Consiglio dell'Unione e Parlamento Ue approvano l'atto. *L'atto si considera adottato*; • Parlamento Ue non approva l'atto. *L'atto non si considera adottato e la procedura termina*. N.B.: Generalmente il Consiglio dell'UE, in terza lettura, approva sempre l'atto come modificato dal Comitato di conciliazione, e questo perché l'intero Consiglio dell'Ue partecipa allo stesso. Ciò, invece, non

> può dirsi per il Parlamento Ue, il quale ben può discostarsi dal lavoro svolto dalla sua delegazione di parlamentari nel Comitato di conciliazione.

Qui occorre immediatamente chiarire alcuni aspetti, evidenziando talune criticità e, al contrario, sottolineando alcuni profili meritori. Innanzitutto: sì, sicuramente non è la più snella delle procedure legislative; e sì, è vero che esistono procedure legislative più snelle in cui, alternativamente, il Consiglio dell'Unione o il Parlamento Ue sono chiamati a rendere unicamente pareri e non a deliberare o modificare gli atti. Inoltre, la procedura legislativa ordinaria si associa per sua natura alla votazione a maggioranza qualificata in seno al Consiglio dell'Unione, ossia una maggioranza non semplice da raggiungere che, evidentemente, rappresenta un ulteriore elemento ostico. Tuttavia, è altresì vero che l'iter legislativo di questa procedura può concludersi sia in prima lettura (del Consiglio dell'Unione), che in seconda lettura (di ambedue le istituzioni); inoltre, solo estremamente di rado, ovverosia nei casi più ostici, si giunge a dover arrivare al lontano step n. 8. Più precisamente, infatti, questa procedura prevede che, tra praticamente ogni step della procedura, si svolgono i cosiddetti "triloghi": contatti informali, a porte chiuse, in cui alcuni componenti dei tre attori del procedimento decisionale si incontrano per cercare un accordo sul testo da adottare. Questi triloghi, a ben vedere – per quanto rappresentino anche un aspetto che meriterebbe di essere regolamentato, quanto meno in termini di trasparenza –, rappresentano un importantissimo motore di confronto e di mediazione tra le istituzioni, che, a conti fatti, ha un ottimo risultato in termini di efficacia ed efficienza: l'utilizzo di questi contatti informali fa sì che circa l'83% degli atti legislativi dell'Unione risulta approvato in prima lettura. Dunque: sì, la procedura è complessa; ma, in concreto, non si tratta di una chimera. Le istituzioni europee, con l'*escamotage* dei triloghi, hanno evidentemente trovato una valida soluzione, seppur non codificata. Diversamente, sono stati gli Stati membri a voler codificare nei Trattati di Lisbona un meccanismo chiamato "freno di emergenza", in base al quale uno Stato membro può richiedere l'arresto dell'iter formativo di una legge europea, qualora ritenga che il provvedimento in adozione leda suoi interessi fondamentali.

Ho voluto soffermarmi su questa procedura appositamente, nonostante fossi consapevole che si trattasse di un discorso tecnico e non facilmente digeribile, perché è solamente affrontando in questa maniera le questioni che è possibile comprendere come siano messe davvero le cose. Invero, nella complessità del procedimento legislativo ordinario, vi è un elemento importante di cui è necessario tenere conto. Anzi, per meglio dire, è proprio la complessità del procedimento il punto-chiave sul quale vorrei porre l'accento. Una procedura così intricata mette in luce in maniera incontrovertibile un fattore sostanziale: la collaborazione tra le istituzioni, le quali sono capaci di affossarsi reciprocamente. Contrariamente a quanto affermato da qualche euroscettico nei *talk show* – in cui si sostiene che il Parlamento Ue sia un'assemblea priva di ogni mezzo per incidere sul mondo reale – si è visto che tale Istituzione è indubbiamente capace di arrestare la deliberazione di un provvedimento, magari fortemente voluto dai Governi nazionali mediante il Consiglio dell'Unione. E ancora, contrariamente a quanto affermato da altri osservatori – secondo cui l'Europa porrebbe dei *diktat* contro l'interesse nazionale degli Stati membri – è evidente che sì, l'iniziativa legislativa è in mano alla Commissione, ma è altresì vero che il Consiglio dell'Unione, qualora ne abbia necessità, può far affossare una proposta, se proprio la considera irricevibile. Senza, per altro, contare il cosiddetto "freno di emergenza" a favore degli Stati membri! Analizzare passo dopo passo il funzionamento delle istituzioni ci aiuta a svelare qualche bugia di troppo, e perché no, a scovare delle criticità latenti, che pur esistono. Infatti, è indubbio che le procedure possano essere snellite, o che il Parlamento possa essere potenziato, magari conferendogli il potere di iniziativa legislativa. Quello che, tuttavia, mi premeva evidenziare in questa sede, è che certe narrazioni sull'inutilità dell'Ue, o sullo stra-potere tirannico di questa o quella Istituzione europea, sono discorsi di cui – se comunque non tacciabili di populismo – certamente possiamo fare tutti quanti a meno.

Con riferimento ai poteri legislativi del Parlamento europeo, infine, non resta che analizzare il potere di revisionare i trattati dell'Unione. Se, infatti, il Parlamento europeo non ha, come si è detto, un vero e proprio potere di iniziativa legislativa (il quale è attribuito alla Commissione europea), gli è attribuito, invece, il potere di avviare la massima procedura legislativa, ovverosia la procedura di revisione dei Trattati dell'Unione europea. Come si è avuto modo di vedere, i Trattati costituiscono le "norme costituzionali" dell'Unione europea, pertanto tale potere è estremamente rilevante. La riforma dei Trattati dell'Unione rappresenta, probabilmente, il tema più sensibile e importante di tutti: modificare il TUE e il TFUE vuol dire modificare le intere regole del gioco, le regole che definiscono il terreno in cui il destino del continente europeo si realizza giorno dopo giorno. Nello specifico del potere legislativo, l'iniziativa del Parlamento europeo deve consistere in un progetto volto ad accrescere o a ridurre le competenze attribuite all'Unione delineate nei Trattati. A seguire, una volta esercitato il potere di iniziativa, sarà necessario ottenere il parere favorevole (all'unanimità) da parte del Consiglio europeo, l'istituzione che riunisce i Capi di Stato o di Governo degli Stati membri. Qualora il Consiglio europeo dovesse pronunciarsi positivamente, allora il Parlamento parteciperà all'elaborazione del progetto di legge attraverso una specifica Convenzione, la quale è composta, oltre che dai parlamentari europei, anche dai parlamentari degli Stati membri e da alcuni Commissari (a evidenziare la necessità che, su un progetto di legge così importante, debbano lavorare sia le istituzioni europee che quelle nazionali). I lavori della Convenzione si concludono con una cosiddetta raccomandazione, la quale, una volta approvata dal Consiglio dell'Unione e dal Parlamento europeo, è indirizzata a un'ulteriore conferenza dei rappresentanti dei governi degli Stati membri, i quali dovranno deliberare all'unanimità conformemente alle rispettive norme costituzionali.

Senza entrare nel merito della procedura di revisione dei Trattati, la cui complessità rappresenta lo stigma delle conseguenze rilevanti che fa conseguire, vorrei condividere con voi, al riguardo, due riflessioni. La prima: una maggioranza "più europeista" nel Parlamento europeo potrà impegnarsi per realizzare un'espansione dei poteri dell'Unione; al contrario, una maggioranza, per così dire, "euroscettica", avrà in mente con ogni evidenza il progetto di ridurre tali poteri. Ciò va tenuto ben a mente, a riprova del fatto che le elezioni di giugno rappresentano un momento politico di straordinaria importanza, poiché utili per cercare di determinare *quale* Unione europea vogliamo in futuro. La seconda: il passaggio in Consiglio europeo è, ancora una volta, un momento inevitabile e ostativo alla costruzione di un'Unione più autonoma e forte. Sono gli Stati membri, infatti, a determinare se un progetto di riforma dei Trattati possa o non possa andare avanti e, come si è già detto in diverse occasioni, gli Stati membri sono decisamente restii a cedere la propria sovranità nei confronti dell'ordinamento europeo. Che dire, se non *intelligenti pauca*.

IL POTERE DI CONTROLLO POLITICO

A differenza di quanto sostenuto nell'immaginario

collettivo, la funzione originaria del Parlamento europeo è quella che tipicamente appartiene a ogni assemblea elettiva: il controllo del potere. Tutte le assemblee elettive, invero, ad ogni "livello" di governo, sono caratterizzate da questa funzione comune, la quale rappresenta la prima e ineludibile prerogativa. È ciò che accade al livello locale, se si prende a riferimento il rapporto che intercorre tra un consiglio comunale e la relativa giunta guidata dal sindaco; è quanto accade al livello territoriale, se si osserva il rapporto tra un consiglio regionale e la relativa giunta regionale guidata dal Presidente di regione; infine, è quanto accade sul piano nazionale, prendendo a riferimento il rapporto tra Parlamento e Governo. Ovviamente, non sarebbe corretto affermare che gli organi assembleari si occupano solo del controllo del potere. Ci sono molti altri poteri attribuiti a questi organi, con diverse sfumature a seconda del livello di governo preso in considerazione; tuttavia, il tratto caratteristico che demarca la differenza tra esecutivo e legislativo, è soprattutto questo. Nel caso che ci occupa, ovverosia il livello di governo europeo, tale funzione di controllo politico è particolarmente evidente, potendo esercitare il Parlamento europeo poteri politici nei confronti dell'intera governance dell'Unione e, dunque, sia nei confronti della Commissione europea, sia nei confronti del Consiglio dell'Unione.

Nello specifico, con riferimento alla Commissione europea, come si diceva nei paragrafi precedenti:

- è il Parlamento europeo a eleggere, su proposta del consiglio europeo, il Presidente della Commissione europea, nonché a legittimare la composizione dell'intera Commissione, svolgendo audizioni per tutti i commissari candidati. Ciò rappresenta una notevole garanzia, una tutela a presidio della democraticità dell'Unione;

- è il Parlamento europeo a poter promuovere, in ogni momento, con 1/10 dei parlamentari, una mozione di sfiducia nei confronti della Commissione europea in carica, che, se approvata, fa conseguire le sue dimissioni;

A ben vedere, quest'ultimo potere è una prerogativa molto incisiva che, nella Storia dell'Ue, ha generato, in particolare, due importanti casi politici. Il primo avvenimento risale al 1976, anno in cui il Parlamento europeo promosse la mozione di sfiducia nei confronti dell'allora Commissione europea. In quell'occasione, tuttavia, la mozione venne respinta a maggioranza, non riuscendo a ottenere i voti necessari in sede di Parlamento europeo. Il secondo avvenimento, invece, più recente, risale al 1999, anno in cui l'allora Commissione europea guidata dal lussemburghese Jacques Santer, rassegnò in blocco le proprie dimissioni. Tali dimissioni, in particolare, avvennero sotto la minaccia di una mozione di censura che non fu mai formalizzata per non recare un pregiudizio reputazionale all'istituzione; evidentemente, questa volta, il Parlamento europeo aveva i numeri in assemblea per procedere.

Con riferimento al Consiglio dell'Unione, invece, il Parlamento europeo non ha alcun potere di sfiducia, dal momento che tale consiglio è composto dai ministri nazionali, già sottoposti al controllo dei rispettivi parlamenti. In ogni caso, l'influenza del Parlamento Ue nei confronti del Consiglio dell'Unione non è affatto inesistente, dovendo quest'ultimo (come anche la Commissione europea) trasmettere periodicamente al Parlamento europeo relazioni mensili o annuali sulla gestione del bilancio e sull'attività in generale. Inoltre, all'inizio di ogni semestre il presidente del Consiglio dell'Unione espone al Parlamento europeo il suo programma e si presenta poi al termine del semestre per relazionare sul lavoro svolto. Infine, sia i commissari europei, sia i membri del Consiglio dell'Unione, sono poi tenuti a rispondere, se chiamati, alle interrogazioni dei parlamentari europei durante le sessioni del *question time*. A questo riguardo, in particolare, il Parlamento europeo è detentore di un controllo conoscitivo. Più nello specifico, il Parlamento Ue può:

- attuare interrogazioni parlamentari;
- attuare interpellanze parlamentari;
- monitorare le relazioni di altre istituzioni;
- dare seguito alle commissioni speciali e alle commissioni d'inchiesta, al fine di ottenere informazioni su fatti rilevanti.

Tutti questi strumenti conoscitivi sono a disposizione dei singoli parlamentari europei e rappresentano un meritorio mezzo per "controllare" l'operato dell'Unione, per denunciare eventuali infrazioni del diritto Ue, nonché per combattere la cattiva gestione amministrativa.

Il potere di controllo economico

Con "potere di controllo economico" si fa riferimento al potere del Parlamento europeo di: (i) intervenire nella procedura per l'adozione del bilancio europeo, il cosiddetto "potere di bilancio"; e (ii) promuovere nuove regole di controllo sugli aspetti finanziari, la cosiddetta "governance economica".

Come qualsiasi altro bilancio, il bilancio dell'Unione presenta un insieme di "attività" e di "passività". Al riguardo, la procedura di approvazione del bilancio dell'Unione – che prima conferiva al Parlamento un ruolo marginale e consultivo – oggi coinvolge in modo paritario tanto il Consiglio dell'Unione, quanto il Parlamento europeo. In particolare, queste due istituzioni approvano congiuntamente il bilancio annuale, facendo rispettare i parametri stabiliti nel cosiddetto "quadro finanziario pluriennale" di sette anni dell'Unione. Il Parlamento Ue, nello specifico, ha, inoltre, il potere di controllo sulla determinazione delle spese obbligatorie e non obbligatorie, nonché il potere di formulare raccomandazioni per migliorare ulteriormente la gestione del bilancio, verificando se la Commissione europea rispetta i principi di sana gestione finanziaria.

Nota a margine: l'attivo del bilancio europeo è composto da: (i) dazi doganali, (ii) prelievi agricoli, (iii) percentuali sull'IVA e (iv) una percentuale calcolata sul prodotto interno lordo di ciascun paese (tali attività sono chiamate "risorse proprie"). Ebbene, sulla base di queste entrate si osserva che il bilancio dell'Unione risulta assai modesto in relazione alle attività che si prefigge di sostenere. In particolare, il bilancio supera appena l'1% del PIL dell'Unione europea e non oltrepassa all'incirca il 2% dei bilanci nazionali degli Stati membri. Insomma: *"un gigante regolatore, ma un nano finanziario"*, come è usanza dire. Ma per volere degli Stati membri, aggiungo io.

Con riferimento al potere di governance economica, per dirla in maniera sporca, il ruolo del Parlamento europeo risponde, in un certo senso, a una delle domande più antiche e ardue quando si parla di amministrazione: *chi controlla il controllore*? Ebbene, sotto questo profilo, il Parlamento europeo si presta bene a operare come "supervisore" degli altri sistemi o organismi di controllo, in quanto istituzione senza "vincoli". Più nello specifico, il potere di governance economica si sostanzia nella prerogativa del Parlamento Ue di dettare regole e procedure di sorveglianza. Per esempio, il Parlamento Ue, tra le altre cose:

- è coinvolto nella nomina del Presidente e del Vicepresidente del Consiglio di vigilanza bancaria;

- nomina i presidenti delle tre autorità europee di vigilanza economica: (i) bancaria, (ii) degli strumenti finanziari e dei mercati, (iii) delle assicurazioni;

- obbliga la Banca centrale europea a partecipare regolarmente ad audizioni pubbliche, nonché a presentare al Parlamento una relazione annuale sull'esecuzione del compito di vigilanza;

- può avviare inchieste su possibili errori da parte della Banca centrale europea nell'esercizio delle sue funzioni di vigilanza.

Il potere esterno

Giungiamo adesso al cosiddetto "potere esterno", l'ultimo dei quattro poteri legislativi del Parlamento europeo. Tale potere, in particolare, si sostanzia con la capacità del Parlamento europeo di riuscire a intervenire allorquando l'Unione europea si interfaccia con altre realtà giuridiche internazionali. Nello specifico, il Parlamento europeo: (i) opera nei negoziati commerciali, occupandosi del rispetto dei diritti umani, dell'ambiente e dello sviluppo sostenibile; (ii) deve dare parere positivo a qualsiasi accordo internazionale di associazione per quanto riguarda la politica commerciale; (iii) media e si interfaccia costantemente con i parlamenti nazionali o regionali degli Stati membri; (iv) è consultato prima di ogni riunione del Consiglio dell'Unione in materia di politica estera, dall'Alto rappresentante per la difesa comune; (v) organizza periodicamente dibattiti, audizioni, seminari sull'andamento delle missioni di peacebuilding che compie; e (vi) partecipa con una propria delegazione all'Assemblea parlamentare della NATO. Il Parlamento europeo, dunque, ha maturato un ruolo di grande importanza internazionale e, in un certo senso, compie una vera opera di rappresentanza politico-culturale dell'Unione europea nel mondo.

g. COME VOTA IL PARLAMENTO EUROPEO

Lasciandoci alle spalle i poteri legislativi del Parlamento europeo, e avviandoci a concludere la disamina di questa istituzione, osserviamo le modalità con cui il Parlamento europeo esercita il voto in seno all'assemblea. Come si diceva, con la procedura legislativa ordinaria il Parlamento europeo partecipa al processo decisionale praticamente in ogni ambito regolabile, condividendo con il Consiglio dell'Unione il compito di emendare, respingere e approvare le proposte che provengono dalla Commissione. L'esercizio del potere deliberativo, in particolare, è effettuato:

- a maggioranza semplice (50%+1 dei voti espressi in assemblea), come criterio generale;

- a maggioranza dei due terzi dei voti espressi in assemblea (e a maggioranza dei membri che compongono il Parlamento), per l'approvazione di una mozione di sfiducia avverso la Commissione europea;

- maggioranza assoluta dei membri del Parlamento Ue per esprimere il parere su una domanda di adesione di un nuovo Stato membro.

Si evidenziano, in chiave sintetica, gli aspetti maggiormente caratterizzanti del Parlamento europeo:

- è la più grande assemblea elettiva multinazionale del mondo. Riunisce i rappresentanti eletti, a suffragio universale diretto, da parte dei cittadini dei vari Stati membri dell'Unione. Attualmente è composto da n. 705 parlamentari europei;

- esercita funzioni di controllo politico, quali: (i) intervenire nella procedura di nomina del Presidente della Commissione e dei commissari; (ii) ricevere le relazioni obbligatorie della Commissione Ue, del Consiglio europeo e di altre istituzioni e organi, come la Banca centrale europea; inoltre (iii) approvare le mozioni di sfiducia per far decadere la Commissione europea;

- esercita funzioni consultive, formulando pareri obbligatori che, in caso non fossero richiesti, inficerebbero gli atti;

- esercita funzioni legislative, quale co-legislatore nel procedimento legislativo ordinario, e approva il bilancio dell'Unione;

- esercita il "potere di iniziativa sull'iniziativa" ed è protagonista nell'iter di riforma dei Trattati Ue.

2.5. La Corte di giustizia dell'Unione europea

L'Unione europea non è costituita solo da istituzioni politiche o, comunque, governative, ma anche da istituzioni più propriamente giuridiche, finanziarie o amministrative. In questo senso, la Corte di giustizia dell'Unione europea è sicuramente l'istituzione giuridica più importante nel panorama europeo; pertanto, ci soffermeremo per approfondirne le caratteristiche principali, senza avere la pretesa di compiere un'analisi approfondita. Innanzitutto, la Corte di giustizia dell'Unione europea ("CGUE") è l'organo giuridico dell'Unione e rappresenta l'interprete unico del diritto dell'Unione europea. La CGUE ha sede in Lussemburgo, dove divide la sua sede con gli uffici amministrativi del Parlamento europeo, e ha il principale compito di valutare la conformità delle leggi, sia emanate dagli Stati nazionali che dalle istituzioni europee, ai Trattati dell'Unione.

Inoltre, può esaminare anche i ricorsi proposti da singoli individui e da società commerciali. Accertando tale conformità – qualora dovesse attestare colpevoli violazioni dei Trattati – può comminare sanzioni contro i Paesi membri, le singole istituzioni o anche società commerciali. In definitiva, la Corte di giustizia dell'Unione europea ha il compito di far rispettare il diritto dell'Unione europea e di interpretarlo in via autentica ed esclusiva.

Nonostante la denominazione di "Corte di giustizia dell'Unione europea", questa istituzione non è un unico organo. Più precisamente, la CGUE è affiancata da un tribunale di prima istanza, chiamato "Tribunale dell'Unione", che si occupa di dirimere i contenziosi tra l'Unione europea e i suoi dipendenti, nonché di pronunciarsi sui ricorsi proposti da singoli cittadini o aziende contro un atto comunitario. Nei casi in cui il Tribunale dell'Unione debba pronunciarsi, dovrà seguire, poi, una pronuncia della CGUE (in qualità di organo giudiziario di "secondo grado"), qualora il ricorrente prendesse la decisione di formulare appello avverso alla decisione del tribunale.

Sebbene tale organismo non sia molto noto al pubblico – in quanto è sempre stato un po' nella penombra, al riparo dalle forme di pubblicità che differentemente sono riservate alle istituzioni politiche – la Corte di giustizia dell'Unione è sempre stata determinante per sancire quell'insieme di princìpi di diritto che oggi costituiscono le fondamenta dell'Unione e del rapporto tra l'Unione e i singoli Stati membri. Tenendo conto del periodo temporale in cui la CGUE ha esercitato la propria attività giurisprudenziale, ovverosia circa sessant'anni, possiamo notare che essa si è pronunciata su circa n. 10.000 cause, emanando circa n. 4500 sentenze, nei temi più rilevanti e variegati: libera circolazione delle merci, dei servizi, dei capitali e delle persone; pari opportunità tra donne e uomini; sicurezza sociale; diritti individuali della persona; rimozione degli ostacoli alla concorrenza; abuso di posizione dominante; privacy; telecomunicazioni; ambiente; criminalità transnazionale e molti altri. Soprattutto, la Corte di giustizia dell'Unione europea ha sancito quei principi di diritto già analizzati nel capitolo secondo, i quali costituiscono gli ingranaggi per far funzionare il rapporto tra Unione e singoli Stati membri.

Per quanto riguarda la sua composizione, la Corte di giustizia dell'Unione europea è composta da:

- n. 27 giudici, uno per ogni Stato membro, tra cui è eletto il Presidente della Corte;

- n. 11 avvocati generali, i quali hanno il compito di presentare pubblicamente, con imparzialità e in piena indipendenza, conclusioni motivate sulle cause che richiedono il loro intervento;

- n. 1 cancelliere.

Diversamente, il Tribunale è composto da n. 54 giudici (due per ogni Stato membro) e non sono presenti avvocati generali.

La Corte di giustizia dell'Unione, al fine di garantire l'osservanza del diritto dell'Unione europea, può agire in diversi modi e, in particolare: (i) pronunciandosi in seguito ai ricorsi presentati; (ii) pronunciandosi per mezzo di una "domanda pregiudiziale".

I RICORSI INNANZI ALLA CORTE DI GIUSTIZIA DELL'UE

I ricorsi alla Corte di Giustizia dell'Ue possono essere presentati da parte di Stati membri, istituzioni europee, singole persone o aziende. A seconda di chi sia il soggetto ricorrente, e a seconda dello scopo del ricorso promosso, si distinguono n. 3 tipologie di ricorso:

(i) il ricorso per inadempimento. Il ricorso per inadempimento può essere proposto dalla Commissione europea nei confronti di uno Stato membro o, più raramente, da uno Stato membro nei confronti di un altro Stato. Tale ricorso è promosso per richiedere il rispetto di una norma comunitarie che si presume essere stata violata. La Corte di Giustizia, accertato l'inadempimento, può emettere una sentenza che ordina al destinatario di conformarsi al diritto dell'UE e, se necessario, impone sanzioni pecuniarie;

(ii) il ricorso di annullamento. Il ricorso di annullamento può essere presentato dagli Stati membri, dalla Commissione europea, dal Consiglio dell'Unione e, solamente in taluni casi, dal Parlamento europeo o da soggetti privati. Tale ricorso ha lo scopo di consentire la disapplicazione di una normativa europea adottata, in quanto non conforme alle disposizioni sancite nei Trattati;

(iii) il ricorso per carenza. Il ricorso per carenza si verifica quando l'inerzia o il silenzio di un'istituzione dell'Unione europea diventa lesivo degli interessi degli Stati membri o delle altre istituzioni dell'Unione europea.

La domanda pregiudiziale

Una domanda pregiudiziale, molto sinteticamente, è una richiesta effettuata da parte di un tribunale nazionale al fine di ottenere chiarimenti sull'interpretazione di una determinata norma comunitaria. I tribunali nazionali degli Stati membri devono assicurare la corretta applicazione del diritto dell'UE, ma tribunali di Paesi diversi potrebbero darne un'interpretazione differente. Se un giudice nazionale è in dubbio sull'interpretazione o sulla validità di una normativa dell'Unione, può chiedere chiarimenti alla Corte di giustizia (lo stesso meccanismo può essere utilizzato per stabilire se una normativa o prassi nazionale sia compatibile con il diritto dell'Ue). Il rinvio pregiudiziale può essere sollevato solo qualora la questione sia indispensabile per la risoluzione della controversia pendente avanti gli organi interni, non invece nei casi in cui nulla aggiungerebbe alla questione interna l'interpretazione o la validità della norma europea.

L'art. 267 del TFUE, in particolare, attribuisce alla Corte di Giustizia dell'Unione la competenza a pronunciarsi, in seguito a richiesta di un tribunale di uno stato membro:

> *"a) sull'interpretazione dei trattati"*;
>
> *"b) sulla validità e l'interpretazione degli atti compiuti dalle istituzioni, dagli organi o dagli organismi dell'Unione."* (art. 267 TFUE)

Nel caso della lettera a), il giudice ha la facoltà di sollevare la questione presso la CGUE; nel caso della lettera b) il giudice nazionale ha un obbligo vero e proprio. Il motivo di ciò è chiaro: essendo la CGUE un giudice di "ultima istanza" c'è la massima preoccupazione che il diritto dell'Unione venga applicato correttamente e ne venga chiarita la validità. Il rinvio pregiudiziale, dunque, rappresenta la pietra angolare dell'attività della Corte di Giustizia dell'Unione Europea, che permette il dialogo tra giudici interni e i giudici di Lussemburgo. Inoltre, rappresenta uno strumento volto non solo a dare certezza del diritto, ma anche uniformità del diritto sul territorio dell'Unione: qualora la Corte di giustizia dell'Unione europea ravvisi la necessità di applicare, o non applicare, la normativa europea, il giudice nazionale che ha chiesto il rinvio pregiudiziale è tenuto a uniformare il proprio giudizio di conseguenza.

Si evidenziano, in chiave sintetica, gli aspetti maggiormente caratterizzanti della Corte di Giustizia dell'Unione europea:

- costituisce l'organo giurisdizionale dell'Unione europea;

- vigila sull'uniforme applicazione della normativa europea in tutti i Paesi;

- giudica le controversie inerenti all'interpretazione del diritto europeo tra Stati, istituzioni, imprese e cittadini;

- assicura il rispetto della legge da parte dei governi nazionali, nonché l'intervento dell'Unione in caso di inerzia o omissione;

- annulla atti giuridici dell'Unione, se in contrasto con i Trattati o i diritti fondamentali;

- sanziona le istituzioni dell'Unione, qualora gli interessi legittimi o i diritti di un qualsiasi cittadino o un'impresa siano stati lesi da un'azione o omissione dell'Ue o del suo personale.

2.6. La Banca centrale europea

L'avvento dell'euro è senza dubbio uno dei più importanti avvenimenti degli anni a cavallo tra il ventesimo e il ventunesimo secolo in Europa. La prospettiva di una moneta unica per i Paesi aderenti all'Unione europea è stato infatti un fatto epocale, perché esso ha inciso concretamente, sui comporti quotidiani dei cittadini dell'Unione. L'adozione dell'euro, in particolare, non può essere ridotta alla semplice adozione di una moneta cartacea o metallica, bensì alla messa a terra di un complesso sistema di collaborazioni tra le banche centrali nazionali, gestite da un organo sovranazionale e indipendente dai governi: la Banca centrale europea (la "BCE").

a. COME È NATA LA BANCA CENTRALE EUROPEA

L'idea di adottare una moneta unica, come si è visto nel primo capitolo, è un progetto che si è sviluppato nel corso dei decenni, a partire dall'implementazione del "serpente monetario" del 1972, finalizzato a controllare la fluttuazione dei cambi. A seguire, è stata la volta dell'adozione dell'ECU, ovverosia dell'"unità di conto europea", un concetto che introduceva, per la prima volta, una moneta il cui valore era la media ponderata dei valori di tutte le monete partecipanti ("Ecu", in francese, vuol dire sia "scudo" sia moneta "aurea" o "d'argento", a evidenziare che l'obiettivo di tale moneta pareva essere più protettivo che aggressivo). Con il Trattato di Maastricht, quindi, nasce il Sistema Europeo delle Banche Centrali e, nel 1998, vengono fissati i cambi tra le monete europee e l'euro, comparando l'esistente cambio con l'Ecu (per l'Italia, 1 euro = 1.936,27 lire). A seguire, vengono nominati i componenti degli organi esecutivi della BCE, che guidano, di fatto, il SEBC. La Banca Centrale europea, dunque, è stata istituita nel 1998 per operare nell'ambito del Sistema europeo di banche centrali, di cui fanno parte le banche centrali di tutti gli Stati membri dell'Unione.

b.   FUNZIONE E COMPOSIZIONE

La Banca centrale europea è l'istituzione finanziaria dell'Unione e rappresenta l'asse portante dell'eurosistema. Ha sede a Francoforte e svolge un ruolo primario nella definizione, gestione e attuazione della politica monetaria dell'Unione, nonché nella difesa dell'euro, nell'interesse dei diciannove Stati membri che hanno adottato tale moneta. In particolare, le azioni della BCE sono volte allo scopo di assicurare la stabilità dei prezzi nel mercato unico europeo e la solidità della valuta (in concreto, per esempio, la BCE gestisce l'emissione delle banconote, l'inflazione e opera sullo spread).

La BCE, in particolare, ha tre organi decisionali:

- il Consiglio direttivo, che comprende i sei membri del Comitato esecutivo, nonché i governatori delle Banche centrali nazionali della zona euro. Il Consiglio direttivo è, per così dire, la mente del Sistema bancario europeo comune e ha il compito di definire le linee generali della politica monetaria del SEBC;

- il Comitato esecutivo, di cui fanno parte il Presidente della BCE, il Vicepresidente, e quattro ulteriori membri nominati dai Capi di Stato o di governo dei Paesi dell'area dell'euro (con un mandato di otto anni non rinnovabile). Il Comitato esecutivo rappresenta il braccio operativo del Consiglio direttivo e ha il compito di dare attuazione concreta agli indirizzi da esso ricevuti;

- il Consiglio generale composto dal Presidente e dal Vicepresidente della BCE e dai governatori delle banche centrali nazionali di tutti gli Stati membri dell'Unione europea (non solo, dunque, dei Paesi dell'eurozona). È, di fatto, una sorta di Consiglio direttivo allargato agli Stati che non aderiscono all'Euro. È un organo di coordinamento, con poteri più limitati, destinato a sciogliersi se e quando ogni Paese dell'Unione avrà adottato l'Euro.

La Banca centrale europea, come ogni società, nasce con un capitale sociale iniziale, fissato inizialmente a cinque miliardi di euro. A seguire, tale capitale è aumentato, nel 2010, a 10 miliardi e 825 milioni di euro. Ad oggi, è sottoscritto solo dalle Banche centrali nazionali, nelle seguenti proporzioni:

- la Banca centrale tedesca detiene il 21,43%;

- la Banca di Francia detiene il 16,61%;

- la Banca d'Italia, il 13,81%;

- gli altri 16 paesi del SEBC detengono il 29,47%;

- gli altri paesi dell'Unione europea che non fanno parte del SEBC, detengono il restante 18,67%.

Per anni si sono ascoltate molte critiche nei confronti dell'Euro, e ancora oggi le si ascoltano. Eppure, il cambio tra la lira e l'euro, per esempio, non poteva essere calcolato altrimenti, in quanto rifletteva perfettamente il cambio tra la lira e l'ecu (e il peso che la lira aveva in quel sistema). Dare la colpa all'Euro per gli aumenti dei prezzi verificarsi in alcuni paesi dell'Unione è, prima che pretestuoso, fuori fuoco. La moneta unica non è altro, all'atto pratico, che un frutto di un calcolo matematico. Se gli aumenti dei prezzi si sono verificati – e su questo si può e si deve dibattere – le cause, evidentemente, vanno cercate altrove.

Si evidenziano, in chiave sintetica, gli aspetti maggiormente caratterizzanti della Banca centrale europea:

- è responsabile della definizione e dell'attuazione della politica monetaria della zona euro, con l'obiettivo principale di assicurare la stabilità dei prezzi in tale area;

- gestisce le riserve valutarie ufficiali dell'area euro e può intervenire sui mercati valutari per mantenere la stabilità finanziaria;

- svolge un ruolo di vigilanza bancaria nell'area dell'euro, supervisionando le banche per garantire la stabilità e l'efficienza del sistema finanziario;

- ha il diritto esclusivo di autorizzare l'emissione di banconote nell'area dell'euro e ha il compito di mantenere la fiducia nella moneta unica europea, l'euro.

2.7. La Corte dei conti dell'Unione europea

La Corte dei conti dell'Unione europea è l'istituzione che si occupa del controllo sulla gestione delle risorse finanziarie utilizzate dall'Unione. In linea con le best practice della buona amministrazione, l'Unione si è dotata, sin dalla Comunità economica europea, di un'istituzione terza, "esterna", che in nessun modo può, mai, identificarsi con il fornitore o l'utilizzatore delle risorse.

Anche se poco conosciuta – forse anche meno della Corte di giustizia dell'Unione – la Corte dei conti si prefigge un obiettivo meritorio: (i) verificare che le spese dell'Unione vengano fatte nel rispetto delle norme di bilancio e in maniera trasparente; (ii) controllare la legittimità e la regolarità delle entrate e delle spese comunitarie; (iii) accertare la sana gestione finanziaria. Il suo controllo, più in particolare, si esercita su chiunque abbia accesso ai fondi dell'Unione europea, quindi sia nei confronti delle istituzioni, sia nei confronti degli Stati membri, sia nei confronti dei beneficiari, a qualsiasi titolo, dei contributi europei (ivi compresi gli enti locali e regionali). Tuttavia, dal momento che la mole di lavoro e delle attività finanziarie dell'Unione è pressoché smisurata, ed essendo la Corte dei conti è un organo composte da 27 magistrati – uno per ogni paese dell'Unione europea, nominati per sei anni dal Consiglio dell'Unione – è molto difficile per questa istituzione procedere a un esame particolareggiato di ogni aspetto. I controlli effettuati, pertanto, sono per lo più eseguiti a campione e, comunque, dato che circa il 90% delle politiche dell'Unione europea viene gestito per il tramite delle amministrazioni dei singoli Stati membri, la Corte dei conti europea collabora attivamente con le istituzioni nazionali deputate al controllo dei conti e alla gestione finanziaria. Ulteriormente, la Corte dei conti europea:

- presenta al Parlamento europeo una relazione annuale, trasmessa mese di novembre (anche e soprattutto sulla base di tale relazione, il Parlamento europeo decide se dare o meno il suo assenso alla Commissione europea per l'esecuzione del bilancio);
- può fornire, ove necessario, relazioni speciali e, in particolare, se richiesti, dei pareri sulla gestione delle risorse finanziarie (tali pareri sono obbligatori quando un'istituzione adotta atti relativi a regolamenti finanziari).

I giudici della Corte dei conti europea sono inamovibili, a meno che la Corte di giustizia dell'Unione, su richiesta della Corte dei conti stessa, non stabilisca che per qualsiasi motivo essi non sono più in grado di svolgere il loro ufficio.

Si evidenziano, in chiave sintetica, gli aspetti maggiormente caratterizzanti della Corte dei conti europea:

- è responsabile del controllo finanziario delle entrate e delle spese dell'Unione Europea, verificando che i fondi dell'UE siano spesi correttamente, legalmente e in modo efficiente;
- verifica la legalità e la regolarità delle transazioni sottostanti ai conti dell'Unione, garantendo che siano conformi alle normative e alle procedure stabilite;
- prepara rapporti annuali e speciali che forniscono valutazioni indipendenti sulle finanze e sull'amministrazione dell'Unione, nonché raccomandazioni per migliorare la gestione finanziaria;
- contribuisce a garantire un uso responsabile dei fondi dell'Unione e promuove la trasparenza e l'efficienza nell'amministrazione finanziaria dell'Unione Europea.

2.8. Gli altri organi dell'Unione europea

Approfondite le istituzioni fondamentali dell'Unione europea, adesso ci soffermeremo – seppur in maniera estremamente sintetica – su alcuni altri organi dell'Unione europea. Segnatamente, su: (i) la Banca europea degli investimenti; (ii) il Comitati economico e sociale; (iii) il Comitato delle regioni; e (iv) il mediatore europeo.

LA BANCA EUROPEA DEGLI INVESTIMENTI

La Banca europea degli investimenti (BEI) è una banca dell'Unione europea sorta all'indomani dei Trattati di Roma (1959). Nonostante tutti gli stati membri dell'Unione europea ne siano gli azionisti, ma non si pone, in alcun modo, in competizione con la BCE, in quanto contribuisce allo sviluppo del mercato interno, facendo appello al mercato dei capitali, nonché a proprie risorse sottoforma di fondi. In particolare, operando in stretta collaborazione con le altre istituzioni europee nell'attuazione delle politiche comunitarie, la BEI concede prestiti, garanzie e agevola la realizzazione di progetti finanziari.

In maniera schematica, la Banca europea per gli investimenti si prefigge, tra gli altri, i seguenti obiettivi:

- accrescere le potenzialità dell'Ue in termini di occupazione e crescita;

- sostenere le iniziative volte a mitigare i cambiamenti climatici;

- promuovere le politiche dell'Ue al di fuori dei suoi confini.

Il Comitato economico e sociale

Al pari della BEI, il Comitato economico e sociale (CES) nasce contestualmente al sorgere delle Comunità europee nel 1957. L'intenzione dei padri fondatori dell'Unione europea era quella di predisporre un organo consultivo rappresentante delle *"forze vive della società"*, in grado di fornire pareri (non vincolanti) al Consiglio e alla Commissione. All'epoca i suoi membri erano 101; ad oggi è composto da n. 344 componenti, designati per cinque anni, ed è finalizzato a rappresentare le organizzazioni dei datori di lavoro, dei lavoratori dipendenti e di altri attori rappresentativi della società civile.

Le nomine per il CES vengono effettuate dal Consiglio dell'Unione sulla base di liste fornite dai governi nazionali, con una ripartizione di seggi che rispetta la regola delle proporzioni tra gli Stati membri.

Il Comitato delle regioni

Il Comitato europeo delle regioni è un organismo nato per ultimo nell'arcipelago delle istituzioni europee. In maniera similare al Comitato economico e sociale, è composto da un numero rilevanti di componenti (massimo n. 350) ed emana pareri nelle materie di propria competenza, dando voce alle istanze regionali e degli altri enti locali.

Il principio cardine che sottende all'operato del Comitato delle regioni è il già visto "principio di sussidiarietà", per il quale vale il detto *"non faccia l'Unione europea ciò che può essere fatto dagli Stati membri, dalle regioni e dai comuni"*, in quanto ogni decisione dovrebbe essere presa, se possibile, a livello della catena di governo più vicina ai cittadini. In attesa che si implementi un sistema di scambio di informazioni particolareggiato tra i diversi livelli di amministrazione coinvolti – nonché che gli enti territoriali possano acquisire in dotazione margini di finanza autonoma – l'Unione cerca di raccordarsi il più possibile con la dimensione di amministrazione più vicina ai cittadini, ovverosia la realtà degli enti locali.

IL MEDIATORE EUROPEO

Il Mediatore europeo è un ufficio deputato a garantire l'imparzialità e il buon andamento della pubblica amministrazione europea. La sua figura, in particolare, ha acquisito maggiore importanza e responsabilità nel corso degli anni, nella qualità di difensore civico dei cittadini dell'Unione europea. Più nello specifico, il Mediatore europeo segnala gli abusi, le inefficienze e le disfunzioni delle pubbliche amministrazioni nei confronti dei cittadini dell'Unione; a lui i cittadini europei possono rivolgersi nel caso si ravvisino gli estremi di un comportamento "irregolare", come un abuso di potere, un ritardo in atti dovuti, o il rifiuto di fornire informazioni. La denuncia è da inviare per posta ordinaria, fax, telefono o per e-mail entro due anni dalla data in cui si è venuto a conoscenza dell'abuso, ma deve essere preceduta da una formale richiesta di chiarimenti all'istituzione coinvolta. È costituito dopo la formazione del Parlamento europeo e ha una durata pari a quella della legislatura in cui è istituito.

CAPITOLO 3

COME FUNZIONA L'UNIONE EUROPEA

Ora che si è compreso "cosa sia" l'Unione europea, ovverosia come sia composta e quale sia il complesso quadro istituzionale di cui è costituita, affronteremo in questo capitolo un tema tanto affascinante quanto importante: il funzionamento della "macchina" Unione europea. Come avrete modo di vedere nei prossimi paragrafi, questa disamina sarà utile per comprendere appieno il ruolo dell'Unione, il suo modo di operare e il suo rapporto con i singoli Stati membri. L'Unione europea, infatti, è un organismo sovranazionale decisamente peculiare: non è assimilabile ad una federazione di Stati – come, a esempio, gli Stati Uniti d'America – e, tantomeno, ad una organizzazione internazionale tipica, come a esempio l'ONU.

3.1. La natura giuridica dell'Unione, le fonti del diritto e il rapporto tra le leggi europee e quelle nazionali

In questo paragrafo, in particolare, faremo chiarezza su tre importanti aspetti: (i) la "natura giuridica" dell'Unione, (ii) le "fonti del diritto" e (iii) il rapporto tra la legge europea e quella nazionale.

Posso immaginare che, a primo impatto, questi strani termini sembrino non voler dire nulla; il mondo del diritto molto spesso si avvale di un vocabolario tecnico che, anche se necessario, troppe volte si manifesta come un superfluo argine alla comprensione di ciò che si prestabilisce di regolamentare. Per questo, vi fornirò, di volta in volta, le necessarie chiavi interpretative.

a. LA "NATURA GIURIDICA" DELL'UNIONE EUROPEA

Con il termine "natura giuridica" si intende il carattere "legale" di un'entità, di un istituto o di un rapporto, sulla base delle norme vigenti. In altre parole, la natura giuridica indica le "qualità" e le "proprietà" giuridiche di un qualcosa, determinando, quindi, come questo debba essere trattato, quali diritti debba avere e quali doveri e responsabilità gli siano attribuiti. Infatti, a diverse nature giuridiche, corrispondono diverse qualità, diritti, doveri e responsabilità. Per farvi un esempio, le leggi italiane prescrivono che la natura giuridica di una società per azioni (S.p.A) è diversa dalla natura giuridica di una società semplice (S.S.). E, infatti, una S.p.A. ha la natura giuridica di "società di capitali", è una forma di società che rappresenta un soggetto distinto dai suoi azionisti; mentre una S.S., invece, ha la natura giuridica di "società di persone" e, diversamente dalla S.p.A., è una forma di società "fusa" con i suoi stessi soci, i quali sono illimitatamente responsabili per conto di essa. Per dirla in maniera spiccia: diversa natura giuridica, diverse caratteristiche e prerogative.

Ebbene, allo stato attuale, prendendo a riferimento anche altre esperienze di associazioni internazionali diverse (a esempio gli USA, l'ONU, la NATO, i paesi c.d. "BRICS") non vi è chiarezza su quale sia la natura giuridica dell'Unione europea. O perlomeno, non c'è un unanime parere da parte degli studiosi del diritto. L'Unione europea, infatti, è una organizzazione internazionale davvero *sui generis* e, in particolare, la sua peculiarità risiede in diversi elementi:

- l'Unione è un'organizzazione che non è indipendente, dunque è incapace di autoregolamentarsi. Sono i singoli Stati membri dell'UE, sottoscrittori dei Trattati, ad avere conferito (e a conferire tutt'ora), le competenze specifiche all'Unione;

- solo in una certa misura l'Unione possiede un grado di autonomia, in quanto, sono gli Stati membri, appunto, ad avere deciso di cedere "pezzi" della propria sovranità, in specifici settori, a tale organizzazione;

- l'Unione europea ha capacità di agire sia nei confronti degli Stati membri, sia direttamente nei confronti dei propri cittadini, senza bisogno di alcun intermediario. Ciò vuol dire che – mettendo da parte il discorso sull'indipendenza e sull'autonomia operativa – l'Unione è un'organizzazione che detiene una connessione privilegiata con i cittadini: si tratta di un elemento di indiscutibile importanza, a evidenziare la forza del patto sociale, di rousseauiana memoria, stipulato tra i cittadini europei e i rappresentanti eletti;

- l'Unione europea possiede la più ampia capacità giuridica riconosciuta alle istituzioni ed è soggetto distinto dagli Stati membri. Ciò vuol dire che l'Ue ha la capacità di assumere facoltà, diritti, doveri e obblighi nei confronti di Stati membri e cittadini. L'unione europea si assume responsabilità e possiede diritti come fosse una persona fisica. In gergo, trattandosi di un ente, si parla di "persona giuridica".

Alla luce di quanto precede, a poco sono serviti gli sforzi per definire il concetto di "Unione europea". L'Unione ha, infatti, un'anima incompleta. Ha grandi poteri e funzioni privilegiate, ma ancora non è capace del tutto di camminare sulle proprie gambe, in quanto sprovvista di poteri autoregolamentativi. Badate bene, definire cosa sia o cosa non sia l'Unione europea non è un problema meramente terminologico. Dagli intensi dibattiti politici e dottrinari che si svolgono sulla natura dell'Unione, emergono opposti modi di concepire il suo sviluppo: vi sono infatti coloro che preconizzano un mero rafforzamento della cooperazione già in atto, e quelli che, differentemente, auspicano ad un aumento dei poteri sostanziali delle istituzioni europee. Ad ogni buon conto – considerando ciò che, fin dagli albori del processo d'integrazione europea, l'Unione ha saputo conseguire – si può dire, oggi, con formula poco tecnica ma forse più efficace, che l'Unione europea è un'entità che non si può certo definire, sul piano formale, come "federale", ma che è, per così dire, "*più federale*" delle precedenti Comunità.

Con ciò ovviamente si descrive una linea di tendenza, non si dà una risposta sulla definizione della natura giuridica dell'Unione. Tuttavia, chi ripercorre e studia la storia dell'integrazione europea non potrà non notare che essa si presenta come una sorta di altalenante – ma ininterrotto – esercizio di ingegneria costituzionale, volto non già a rincorrere un qualsivoglia preciso obiettivo (*diventare un Superstato federale?*) o a perseguire improbabili modelli (*quello USA? Quello NATO? Quello ONU? quale modello?*), ma piuttosto a definire via via l'impianto istituzionale più appropriato per assicurare la convivenza con gli Stati, i quali sì, hanno accettato di condividere una parte importante della loro sovranità; ma certamente, comunque, non vogliono perdere la propria individualità. Ed è proprio questa dialettica tra lo Stato-nazione (gli Stati membri) – che non intende lasciarsi sopprimere – e la struttura sopra-nazionale (l'Unione) – che vuole invece accentuare la propria connotazione in senso federale – a scandire le fasi necessariamente instabili del processo evolutivo dell'Unione. Non è un caso, dunque, che si sia evitato di seguire questo o quel modello di organizzazione internazionale, e che sia stata, invece, preferita una scelta di "libertà dai modelli"; una scelta che, a ben vedere, salvaguarda il carattere evolutivo dell'Unione e lascia aperte tutte le opzioni nell'ingegneria istituzionale. Per altro, che taluni modelli (*ancora una volta: quali modelli? Esiste un modello predefinito a priori applicabile?*) avrebbero potuto far conseguire migliori risultati all'Unione non vi è oggi chi possa dirlo con certezza. L'unica cosa che rileva, quindi, è il fatto che in passato si è preferito evitare di irrigidire l'Unione in uno schema o processo predefinito. Il fatto stesso che anche il Trattato di Lisbona, come i suoi predecessori, dichiari di essere solo un'ulteriore "tappa" verso la creazione di un'Unione "*sempre più*" stretta tra i popoli d'Europa, evoca con tutta evidenza non già l'idea di un risultato acquisito, e neppure di un obiettivo preciso da raggiungere, ma quella, appunto, di un processo dinamico e di un'evoluzione continua. Un processo alla perenne ricerca di punti di equilibrio, non di punti di arrivo.

b. LE "FONTI DEL DIRITTO" DELL'UNIONE

Affrontato il tema della natura giuridica dell'Unione, passiamo alle c.d. "fonti del diritto" dell'Unione europea. Anche qui, come per il termine di natura giuridica, occorre fornire una chiave interpretativa. Andiamo per step:

- gli individui, singoli e associati, necessitano di regole per disciplinare la loro reciproca convivenza e per stabilire e mantenere rapporti con gli altri gruppi sociali;

- l'esistenza di norme di organizzazione e di comportamento, nonché la predisposizione di un apparato sanzionatorio in grado di garantirne l'osservanza da parte di tutti i consociati, costituiscono indispensabili presupposti per la sopravvivenza delle diverse formazioni collettive e dello Stato;

- evocare una regola, qualsiasi essa sia, significa tuttavia evocare anche, seppur inconsciamente, i processi di produzione della stessa e la sua fonte. A esempio, se affermassi *"non puoi rubare!"* evocherei sì una regola, ma, altresì, la sua fonte, in questo caso l'art. 624 del Codice penale, così come introdotto dal regio decreto del 19 ottobre 1930, n. 1398 e modificato dalle leggi successive; se affermassi *"non puoi attraversare l'incrocio quando il semaforo è rosso"*, affermerei sì una regola, ma evocherei, altresì, la sua fonte, in questo caso, l'art. 145 del Decreto Legislativo 30 aprile 1992, n. 285, ossia il Codice della Strada.

Ebbene, le "fonti del diritto" rappresentano l'origine da cui scaturiscono i diritti, gli obblighi e ogni altra facoltà per un determinato soggetto. E ogni nazione ha le proprie fonti del diritto.

Vi faccio un esempio. L'Italia annovera tra le proprie fonti del diritto: (i) la Costituzione, (ii) le norme che traggono origine dal diritto internazionale, (iii) le norme del diritto dell'Unione europea, (iv) le leggi dello Stato, (v) gli atti avente forza di legge, (vi) i regolamenti governativi, (vii) la giurisprudenza, (viii) la consuetudine e (ix) la dottrina. Ognuna di queste fonti del diritto legittima alcuni diritti, alcuni obblighi, definisce alcune facoltà e vieta taluni comportamenti. E ognuna di queste fonti ha caratteristiche diverse, in termini di incisività. Le fonti del diritto, più in particolare:

- indicano i rapporti di forza tra le leggi. A titolo esemplificativo, le norme costituzionali sono gerarchicamente superiori alle leggi dello Stato, agli atti aventi forza di legge, ai regolamenti governativi. Pertanto, una fonte del diritto "inferiore" ben può essere dichiarata "incostituzionale" – e quindi soccombere – se contraria alla fonte del diritto gerarchicamente superiore;

- riflettono talune "qualità" di ogni tipologia di norma. A esempio, i c.d. "decreti-legge" (che fanno parte della fonte del diritto degli "atti aventi forza di legge"), a differenze delle "classiche" leggi, hanno un'efficacia limitata di n. 90 giorni, al termine dei quali è necessario che il Parlamento li trasformi in legge dello Stato, pena la loro decadenza. Più una fonte del diritto è predominante e forte rispetto alle altre, più sarà difficile per l'organo legislativo varare quel tipo di atto.

Soffermarmi su quanto precede è stato necessario per farvi comprendere i princìpi teorici alla base delle fonti del diritto, che sono, essenzialmente due: (i) le fonti del diritto rappresentano il fondamento alla base dei diritti e degli obblighi di ogni soggetto che fa parte di un ordinamento giuridico; e (ii) le fonti del diritto esprimono la "forza" delle norme, in termini di obbligatorietà e incisività.

Tutto ciò è valido per moltissimi ordinamenti giuridici europei e anglosassoni (i c.d. ordinamenti di "civil law" e di "common law") e, per quanto ci riguarda, è valido anche per l'ordinamento europeo. L'Unione europea, infatti, al pari di nazioni come l'Italia, la Germania, la Francia, etc, presenta un proprio quadro normativo e un proprio sistema di fonti del diritto, che, in maniera del tutto particolare, si inserisce nei sistemi giuridici degli Stati membri. Ogni Stato membro, infatti, come si diceva, ha il proprio sistema di norme, e ha le proprie fonti del diritto. Allo stesso tempo, ognuno degli Stati membri, facendo parte dell'Unione europea, aderisce al sistema di fonti del diritto europeo. Questi due sistemi di norme – quello nazionale degli Stati membri e quello europeo – si integrano vicendevolmente, anche se, in una buona misura, il sistema europeo si sovrappone a quello dei sistemi nazionali, in quanto, in via di principio, gerarchicamente superiore. L'adozione del principio di superiorità del diritto europeo al diritto nazionale ha rappresentato una tappa molto importante nel percorso di integrazione europea. Il tema del "come integrare" i diversi sistemi normativi esistenti è stato, infatti, argomento al centro di accesi dibattiti e negoziazioni. La supremazia del sistema giuridico dell'Unione è una circostanza evidentemente molto limitante dal punto di vista degli Stati membri, i quali, da una parte, percepivano il bisogno di poter far affidamento su di un ordinamento giuridico più ordinato, con chiavi interpretative uguali per ogni Stato membro, e con maggiore certezza del diritto per i cittadini dell'Unione; d'altra parte, erano tutt'altro che entusiasti di perdere ulteriore sovranità, di cedere il trono, nel campo interpretativo del diritto, a Corti di giustizia così distanti dai cittadini nazionali. Tuttavia, la forza propulsiva del sogno di un Unione europea più coesa, non solo in termini commerciali, ma anche giuridici e sociali, ha sancito, in conclusione, la superiorità del diritto dell'Unione.

Dapprima, fu la Corte di Giustizia dell'Unione europea ad affermare, in alcune storiche sentenze, la superiorità assoluta del diritto europeo su quello nazionale. Di seguito, un breve passo della celebre sentenza *"Costa contro Enel"* che afferma, per prima, tale principio:

"Tale integrazione nel diritto di ciascuno Stato membro di norme che promanano da fonti comunitarie, e più in generale, lo spirito e i termini del Trattato, hanno per corollario l'impossibilità per gli Stati di far prevalere, contro un ordinamento giuridico da essi accettato a condizione di reciprocità (ndr. Quello europeo)*, un provvedimento unilaterale ulteriore, il quale pertanto non potrà essere opponibile all'ordine comune. Se l'efficacia del diritto comunitario variasse da uno stato all'altro in funzione delle leggi interne posteriori, ciò metterebbe in pericolo l'attuazione degli scopi del Trattato contemplata nell'art. 5, secondo comma, e causerebbe una discriminazione vietata dall'art. 7."*

Questa sentenza, emanata nel 1964, rovescia una sistematica di pensiero giuridico costruito nel corso di secoli.

Successivamente, sulla scia del Giudice europeo, sono state le Corti costituzionali nazionali stesse a riconoscere, nelle proprie deliberazioni, la superiorità del diritto europeo già preconizzata dalla Corte di giustizia dell'Unione. Nel caso italiano, che ci interessa maggiormente, tale riconoscimento è stato effettuato, tra le tante, nelle sentenze della Corte costituzionale nn. 183/1973, 170/1984, n. 509/1995 ed è stato operato dai Giudici della Corte Suprema in forza degli artt. 10 e 11 della Costituzione, per i quali:

"*L'ordinamento giuridico italiano si conforma alle norme del diritto internazionale generalmente riconosciute*" (art. 10 Cost.);

l'Italia "*consente, in condizioni di parità con gli altri Stati, alle limitazioni di sovranità necessarie ad un ordinamento che assicuri la pace e la giustizia fra le Nazioni*" (art. 11 Cost.).

Ultima nota tecnica: la cedevolezza della normativa nazionale a fronte delle normative comunitarie non può, comunque, giungere a intaccare i "principi supremi" in tema di diritti di libertà e di altri valori caratterizzanti l'ordinamento nazionale. Questo "limite" alla supremazia del diritto europeo è stato implementato dalla nostra Corte costituzionale e prende il nome di "teoria dei controlimiti". Detta in maniera molto semplice, la teoria dei controlimiti postula l'intangibilità dei princìpi supremi e dei diritti fondamentali dell'ordinamento costituzionale dello Stato, in quanto nucleo "duro" che ne plasma l'identità.

Questa sistematica appena descritta rappresenta evidentemente un punto di equilibrio tra esigenze diverse. E, se ci si riflette, non può essere altrimenti: un'organizzazione internazionale che non possa, in alcun modo, imporre la sua voce sul grande numero di Stati che la compone, oppure introdurre criteri interpretativi validi per tutte le nazioni, sarebbe un'organizzazione pressoché inutile. Ogni Stato membro agirebbe a suo piacimento, e ogni Stato membro non dovrebbe sottostare ad altri soggetti, al di fuori di sé stesso. D'altro canto, ogni Stato Membro, pur perseguendo il desiderio di creare uno "spazio unico" di pace e prosperità, è restio dal cedere *tout court* la propria sovranità in tale settore. Ad ogni buon contro, la teoria dei controlimiti, tuttavia, non sembrerebbe ostare, in realtà, al riconoscimento della supremazia del diritto europeo nei confronti del diritto nazionale. Tale teoria, infatti, si caratterizza unicamente per essere un ultimo "baluardo di difesa" dei princìpi fondativi degli Stati membri nazionali. Ma tali princìpi, primi fra tutti i diritti di libertà, sono in realtà in comune fra tutti i Paesi membri dell'Unione, in quanto minimo comun denominatore per poter avere lo *status* di Stato membro. Insomma: la supremazia del diritto europeo è, in concreto, pressoché totale, e la teoria dei controlimiti opera nel remoto caso in cui l'Unione dovesse comprimere gli stessi princìpi di libertà cui riconosce la piena legittimità nei Trattati. Procedendo nella disamina, individuiamo qualche punto fermo:

- l'Unione europea ha un proprio quadro normativo e proprie fonti del diritto;

- il diritto europeo, salvo le ipotesi in cui si ricada nell'alveo della teoria dei controlimiti, sovrasta il diritto nazionale in termini di applicazione e interpretazione.

Vediamo adesso, più da vicino, in cosa si sostanzia il quadro normativo europeo e come "sovrasta" gli ordinamenti nazionali. L'ordinamento giuridico europeo, allo stato attuale, contempla due diverse fonti del diritto: il diritto primario, detto anche "originario", e il diritto secondario, detto anche "derivato".

1. Fonti primarie	le Fonti primarie (anche dette "originarie") sono le fonti "fondative" dell'ordinamento europeo. Sovrastano sulle fonti secondarie, proprio per il loro carattere "fondativo": ogni norma facente parte delle fonti secondarie, in contrasto con le fonti del diritto primario, è destinata a soccombere. Fanno parte delle fonti primarie: il TUE, il TFUE e gli eventuali accordi modificativi; gli accordi internazionale tra l'unione e gli Stati terzi esterni alla Ue; i principi generali di diritto dell'ordinamento europeo, così come elaborati dalla Corte di Giustizia dell'Unione europea.
2. Fonti secondarie	Le Fonti secondarie (anche dette "derivate"), sono gli atti normativi delle istituzioni deputate a legiferare, ovverosia il Parlamento europeo e il Consiglio dell'Unione. Tali atti normativi, inferiori alle fonti primarie, sono numerosi e diversi tra loro, nel senso che ognuno ha un'efficacia diversa e scopi diversi. Specificamente, le fonti secondarie contemplano: (i) i regolamenti, (ii) le direttive, (iii) le decisioni e (iv) atti atipici, come le risoluzioni.

Il diritto europeo, quindi, costituisce un ordinamento normativo autonomo nei confronti degli ordinamenti nazionali, in quanto le fonti primarie e secondarie sono del tutto estranee a questi ultimi. Nonostante questo, tuttavia, non bisogna immaginare che i due sistemi si sovrappongano come strati di una torta. Una suddivisione "rigida" è, infatti, in contraddizione con il fatto che ambedue gli ordinamenti, tanto quello europeo, tanto quello nazionale, si rivolgono, in realtà, ai medesimi destinatari, che sono contemporaneamente sia cittadini di uno Stato membro, che cittadini dell'Unione. Per il solo fatto di essere cittadino di uno Stato membro, infatti, il singolo è soggetto a ordinamenti giuridici di diverso livello (appunto, nazionale ed europeo) e, per l'effetto di ciò, analogamente a qualsiasi altro ordinamento giuridico, anche quello dell'UE mette a disposizione del cittadino un sistema coerente di tutela giuridica, cui ricorrere in caso di controversie riguardanti il diritto dell'Unione, o ai fini della sua stessa attuazione. Il diritto dell'UE, inoltre, fa sì che gli Stati membri siano responsabili di fronte ai cittadini, di ogni pregiudizio che possa derivare loro dalla violazione del diritto europeo.

c. IL RAPPORTO TRA LE LEGGI EUROPEE E QUELLE NAZIONALI

Oltre a tenere a mente che il diritto dell'Unione europea, come si è avuto modo di osservare, è "superiore" al diritto nazionale – nel senso che, in caso di conflitti normativi tra una norma nazionale e una europea, il giudice nazionale è tenuto ad applicare la legge europea o ad interpretare la legge nazionale in forza delle norme europee – c'è da tenere in considerazione un ulteriore importante aspetto: non tutte le norme del diritto dell'Unione hanno un'efficacia diretta sui cittadini. La sistematica delle fonti europea, invero, contempla sia norme direttamente applicabili ai cittadini europei, ma anche molte norme che necessitano di essere "recepite" dai singoli Stati membri nei propri ordinamenti con un'apposita norma nazionale (pensate ai trattati internazionali – a esempio, il tanto agognato "MES" – o alle celebri "direttive europee": tali atti, per essere esecutivi, necessitano, rispettivamente, di essere ratificati e recepiti con apposita norma). L'interazione tra diritto dell'Unione europea e diritto nazionale è, quindi, un tema delicato e importante, in quanto l'Unione necessita del contributo dei singoli ordinamenti nazionali per poter dare seguito agli obiettivi prefissati nei Trattati. Al riguardo, occorre evidenziare che l'Unione rifiuta in ogni modo il ricorso alla costrizione o all'assoggettamento, avendo deciso di ricorrere, diversamente, alla forza del diritto. Solo un'unità basata sul libero arbitrio può, infatti, ambire a essere duratura, purché sia edificata su valori fondamentali, quali la libertà e l'uguaglianza, nonché garantita e realizzata medianti gli strumenti del diritto. L'Unione non è soltanto un'emanazione del diritto (in quante nasce dai Trattati), ma persegue i suoi obiettivi ricorrendo unicamente agli strumenti del diritto. Detto in altri termini: (i) l'Unione europea è un'unione proprio in virtù del diritto, (ii) ripudia la forza per regolare la convivenza economica e sociale delle popolazioni degli Stati membri, e (iii) proprio le norme sono il "collante" per mantenere salde le relazioni tra gli Stati membri e le relazioni tra questi e le istituzioni europee.

Vi è una norma, in particolare, che si occupa degli obblighi di collaborazione degli Stati membri nei confronti dell'Unione: l'art. 4 par. 3 del TUE. Tale disposizione del Trattato sancisce, nello specifico, che:

«In virtù del principio di leale cooperazione, l'Unione e gli Stati membri si rispettano e si assistono reciprocamente nell'adempimento dei compiti derivanti dai trattati.

Gli Stati membri adottano ogni misura di carattere generale o particolare atta ad assicurare l'esecuzione degli obblighi derivanti dai trattati o conseguenti agli atti delle istituzioni dell'Unione.

Gli Stati membri facilitano all'Unione l'adempimento dei suoi compiti e si astengono da qualsiasi misura che rischi di mettere in pericolo la realizzazione degli obiettivi dell'Unione» (art. 5, par. 3).

È il noto principio di "leale cooperazione", formulato nella consapevolezza che l'ordinamento giuridico dell'Unione non è in grado, da solo, di realizzare gli obiettivi prefissati nei Trattati. Come si diceva, diversamente dagli ordinamenti giuridici nazionali, l'ordinamento europeo non costituisce un sistema chiuso, bensì necessita, per autorealizzarsi, del sostegno degli ordinamenti nazionali che lo compongono. Tutti i poteri statali – legislativo, esecutivo e giudiziario – sono obbligati, pertanto, a riconoscere che l'ordinamento giuridico dell'Unione non è qualcosa di "estraneo"; inoltre, riconoscono che gli Stati membri e le istituzioni dell'Unione costituiscono un insieme indissociabile e solidale per realizzare gli obiettivi comuni sanciti dai Trattati. L'Unione europea non è, dunque, una sola comunità di interessi, ma una comunità solidale.

3.2. I princìpi dell'Unione europea e il riparto di competenze tra Ue e Stati membri

Come qualsiasi altra organizzazione sociale, e a maggior ragione essendo un'organizzazione internazionale di Stati, l'Unione europea pone a fondamento del proprio funzionamento una serie di princìpi di diritto e un dettagliato riparto di competenze tra Ue e Stati membri. Sia i princìpi di diritto che il riparto di competenze sono sanciti all'interno dei Trattati e costituiscono un aspetto straordinariamente importante della vita dell'Ue, in quanto rappresentano il lubrificante che consente alla macchina europea di operare al meglio, impedendo blocchi, gessature e arresti del proprio funzionamento. Tanto per i princìpi di diritto, quanto per il riparto di competenze cercherò di disegnare un quadro generale sintetico e completo, sebbene siano temi molto tecnici che necessiterebbero di una lunga trattazione a sé stante.

Innanzitutto, una definizione. I princìpi di diritto che stiamo per approfondire sono norme che permeano l'intero sistema giuridico dell'Unione. Sono, quindi, regole che si applicano indistintamente quali regole di "metodo". Sono norme che sono alla base dell'impianto normativo, che "affiancano" qualsiasi altra regola e, più in particolare, "guidano" il modo in cui si producono le altre norme, in cui devono essere interpretate, nonché il modo in cui le istituzioni e gli Stati membri devono agire.

I princìpi di diritto dell'Ue sono numerosi. I più importanti sono i seguenti:

- il principio di attribuzione (art. 5, par. 2, TUE);
- il principio di sussidiarietà (art. 5, par. 3 TUE);
- il principio di proporzionalità (art. 5, par. 4 TUE);
- il principio di leale collaborazione (art. 4 par. 3 TUE).

Esaminiamoli singolarmente.

a. IL PRINCIPIO DI ATTRIBUZIONE

Il principio di attribuzione è un principio ricavabile dalle disposizioni contenute, in generale, nell'art. 5, par. 2 TUE, e nello specifico, all'interno degli articoli 2, 3, 4, 5 e 6 del TFUE. Diversamente da quanto si crede, i Trattati non attribuiscono alle istituzioni dell'Unione una competenza generale di emanare qualsiasi atto necessario al perseguimento degli obiettivi prefissati. L'Unione non ha i poteri di fare ciò che vuole. Essendo, come già detto, un'organizzazione internazionale ancora con un impianto fortemente "intergovernativo" (nel senso che per autodeterminarsi dipende, in buona parte, dai governi degli Stati membri) i suoi poteri sono limitati, poiché sono stati gli stessi Stati nazionali a volerli limitare.

Andiamo per *step*. Ai sensi dell'art. 5, par. 2, del TUE:

"in virtù del principio di attribuzione, l'Unione agisce esclusivamente nei limiti delle competenze che le sono attribuite dagli Stati membri nei trattati per realizzare gli obiettivi da questi stabiliti. Qualsiasi competenza non attribuita all'Unione nei trattati appartiene agli Stati membri." (art. 5 par. 2)

Scritto nero su bianco: l'Unione agisce esclusivamente nei limiti delle competenze che le sono attribuite dagli Stati membri. Ci tenevo a fare questa prima premessa perché troppo spesso si ascolta il mantra per il quale l'Unione è, alternativamente, una delle due: o quella che può fare tutto, ma che non fa niente; o quella che non può fare niente, ma si occupa comunque di ciò che non gli spetterebbe. Ecco, la situazione è un po' diversa. E le responsabilità sembrano essere più degli Stati nazionali, che delle istituzioni dell'Unione. Più nello specifico, ai sensi dell'art. 2 del TFUE:

"Quando i trattati attribuiscono all'Unione una competenza esclusiva in un determinato settore, solo l'Unione può legiferare e adottare atti giuridicamente vincolanti. Gli Stati membri possono farlo autonomamente solo se autorizzati dall'Unione oppure per dare attuazione agli atti dell'Unione". (art. 2, par. 1)

"Quando i trattati attribuiscono all'Unione una competenza concorrente con quella degli Stati membri in un determinato settore, l'Unione e gli Stati membri possono legiferare e adottare atti giuridicamente vincolanti in tale settore. Gli Stati membri esercitano la loro competenza nella misura in cui l'Unione non ha esercitato la propria. (…)." (art. 2, par.2)

"In taluni settori e alle condizioni previste dai trattati, l'Unione ha competenza per svolgere azioni intese a sostenere, coordinare o completare l'azione degli Stati membri, senza tuttavia sostituirsi alla loro competenza in tali settori. (…)." (art. 2, par. 5)

L'art. 2 TFUE sopra riportato delinea tre tipologie di competenze: (i) la competenza esclusiva, (ii) la competenza concorrente e (iii) la competenza complementare.

La competenza esclusiva (art. 3 TFUE). È la competenza di agire riservata unicamente all'Unione. Si tratta dei settori in cui unicamente le istituzioni dell'Unione possono legiferare, o comunque, gli Stati membri possono farlo autonomamente solo se autorizzati dall'Unione, o per dare seguito ad atti dell'Ue già implementati. Tali settori sono tassativamente prescritti dai Trattati, (nell'art. 3 TFUE) e sono:

N.	Settori
1.	l'unione doganale
2.	la definizione delle regole di concorrenza funzionali al mercato interno dell'Ue

3.	la politica monetaria degli Stati che adottano l'Euro
4.	la conservazione delle risorse biologiche del mare
5.	la politica commerciale comune

In questi ambiti di competenza, solo l'Unione è titolare di ogni potere di iniziativa legislativa, lasciando agli Stati membri un margine di azione residuale: gli Stati nazionali possono, dunque, solo "seguire" le iniziative già adottate o varare atti finalizzati a portare a termine i disegni di legge dell'Unione.

La competenza concorrente (art. 4 TFUE). La disciplina della competenza concorrente si occupa di individuare i settori in cui sia l'Unione, sia i singoli Stati membri, possono agire in via legislativa. In tutti gli ambiti in cui è prevista la competenza concorrente, in particolare, l'intervento dell'Unione rappresenta un valore aggiunto rispetto all'azione degli Stati membri. In tali settori, infatti, l'Unione ha titolo per agire per prima, mentre gli Stati membri esercitano la loro competenza nella misura in cui l'Ue non ha esercitato o ha cessato di esercitare la propria. Nello specifico, la competenza concorrente è prevista per i seguenti settori:

N.	Settori
1.	il mercato interno
2.	la politica sociale, per quanto riguarda gli aspetti definiti nel presente trattato
3.	la coesione economica, sociale e territoriale
4.	l'agricoltura e la pesca, tranne la conservazione delle risorse biologiche del mare
5.	l'ambiente
6.	la protezione dei consumatori
7.	i trasporti

8.	le reti transeuropee
9.	l'energia
10.	lo spazio di libertà, sicurezza e giustizia
11.	i problemi comuni di sicurezza in materia di sanità pubblica
12.	la politica sociale, per quanto riguarda gli aspetti definiti nel presente trattato
13.	la coesione economica, sociale e territoriale

La competenza complementare (art. 6 TFUE). La competenza complementare indica taluni settori in cui l'Unione può essere chiamata a svolgere azioni intese a sostenere, coordinare o completare l'azione degli Stati membri, senza sostituirsi ad essi. Si parla di "complementarità" proprio perché i poteri delle istituzioni dell'Ue sono usati, in questo caso, per co-adiuvare l'azione degli Stati nazionali, i quali in nessun caso possono vedere le proprie prerogative abbozzare alla volontà dell'Unione. I settori in cui tale riparto di competenza opera sono:

N.	Settori
1.	la tutela e miglioramento della salute umana
2.	l'industria
3.	la cultura
4.	il turismo
5.	l'istruzione, la formazione professionale, la gioventù e lo sport
6.	la protezione civile
7.	la cooperazione amministrativa

b. Il PRINCIPIO DI SUSSIDIARIETÀ

Mentre il principio di attribuzione delimita i riparti di

competenze tra l'Unione e gli Stati membri, ovverosia il *"chi,* fa *cosa"*, i principi di sussidiarietà e di proporzionalità definiscono *"come"* le competenze debbono essere esercitate. Dunque, tanto il principio di sussidiarietà, quanto quello di proporzionalità, si applicano ai casi di competenza esclusiva, concorrente o complementare. Il principio di sussidiarietà, più specificamente, è sancito all'interno dell'art. 5, paragrafo, 3 del TUE, e sancisce che:

"In virtù del principio di sussidiarietà, nei settori che non sono di sua competenza esclusiva l'Unione interviene soltanto se e in quanto gli obiettivi dell'azione prevista non possono essere conseguiti in misura sufficiente dagli Stati membri, né a livello centrale né a livello regionale e locale, ma possono, a motivo della portata o degli effetti dell'azione in questione, essere conseguiti meglio a livello di Unione."

Ciò che si evince dal dato giuridico sopra riportato è che l'Unione europea, concretamente, non può intervenire a meno che la sua azione non sia considerata più efficace di quella intrapresa al livello nazionale, regionale o locale (ad eccezione della competenza esclusiva). Dunque, qualora l'Unione volesse agire in settori di competenza "concorrente" o complementare", sarà chiamata a dimostrare l'opportunità di agire in sostituzione degli Stati membri. Tra l'altro, nel caso in cui l'Unione reputasse necessario agire in via sussidiaria, i Trattati prevedono uno speciale potere in capo ai parlamenti nazionali per tutelare il ruolo degli Stati membri: la c.d. procedura del "cartellino giallo" e del "cartellino arancione". Sostanzialmente, Nei casi in cui i parlamenti nazionali considerino che i progetti di atti legislativi dell'Unione non siano conformi al principio di sussidiarietà, possono inviare un parere motivato alla Commissione europea (a favore, o contro la proposta). Tale istituzione è obbligata a tener conto dei pareri motivati ricevuti dai parlamenti nazionali e, a seconda del numero di pareri ricevuti, la Commissione è tenuta: (i) a riesaminare la sua proposta, senza obbligo, tuttavia, di modificarla o ritirarla (la procedura del "cartellino giallo); o (ii) a riesaminare la sua proposta e a decidere se modificarla o ritirarla. In tal caso, però, qualora la Commissione ritenesse che l'iniziativa di legge comunitaria sia conforme al principio di sussidiarietà, la Commissione è tenuta a motivarlo con apposita relazione al Parlamento europeo e al Consiglio dell'Unione. Se la maggioranza semplice dei membri del Parlamento europeo o il 55% dei membri del Consiglio ritengono che la proposta violi il principio di sussidiarietà, la proposta legislativa deve essere modificata di conseguenza o ritirata (la Procedura del cartellino arancione). Finora la procedura del "cartellino giallo" è stata attivata in tre occasioni, mentre quella del "cartellino arancione" non è mai stata utilizzata.

c. IL PRINCIPIO DI PROPORZIONALITÀ

Il principio di proporzionalità, insieme al principio di sussidiarietà, è collocato al fondamento dell'esercizio delle competenze dell'Unione. È sancito all'interno dell'art. 5 paragrafo 4, del TUE e, in particolare, prevede che:

"In virtù del principio di proporzionalità, il contenuto e la forma dell'azione dell'Unione si limitano a quanto necessario per il conseguimento degli obiettivi dei trattati."

Tale principio si prefigge lo scopo di contenere le azioni intraprese dalle istituzioni dell'Unione europea entro taluni limiti specifici. Nello specifico, in base a questo principio, le misure dell'Unione:

- devono essere idonee a raggiungere il fine desiderato;

- devono essere "necessarie" per raggiungere il fine prefissato;

- non devono imporre all'individuo un onere eccessivo rispetto all'obiettivo che si intende raggiungere (la c.d. proporzionalità in senso stretto).

In definitiva, per appurare se una norma di diritto comunitario sia "proporzionata" è necessario verificare che i mezzi in essa contemplati per raggiungere gli obiettivi dei Trattati non eccedano quanto necessario per il raggiungimento di detti scopi. Per agevolare questo esame giuridico è stato predisposto un apposito allegato ai Trattati, il "Protocollo n. 2" sull'applicazione dei principi di sussidiarietà e di proporzionalità. In caso di violazione del principio di proporzionalità, gli Stati membri richiedenti possono – purché ne ricorrano le condizioni – contestare la validità delle pertinenti misure dinanzi alla Corte di giustizia dell'Unione europea.

d. IL PRINCIPIO DI LEALE COLLABORAZIONE

Il principio di leale collaborazione è sancito nell'art. 4 par. 3 TUE. In via generale, tale principio prevede che i diversi livelli di governo, Unione europea da un lato, e Stati nazionali dall'altro, debbano cooperare fra loro, in quanto, al netto delle diversità di funzione e di struttura, essi fanno pur sempre parte di un medesimo ordinamento, ovverosia quello europeo. Tanto le istituzioni dell'Unione, quanto le istituzioni nazionali devono, quindi, ispirare i propri comportamenti e atteggiamenti ad una logica di cooperazione, in particolare modo nelle ipotesi in cui vi siano sovrapposizioni o interferenze di competenze. Un esempio tipico di applicazione del principio di leale collaborazione consiste nell'onere, in capo agli Stati membri, di assicurare l'esecuzione degli obblighi comunitari derivanti dai Trattati, oppure determinati dagli atti di diritto secondario, ovvero astenersi dal porre in essere misure che compromettano la realizzazione degli scopi dei Trattati.

Questi quattro princìpi che abbiamo appena esaminato – attribuzione, sussidiarietà, proporzionalità e leale cooperazione – ci fanno comprendere, in definitiva, quanto meno tre importanti lezioni:

- l'Unione europea non può fare come gli pare. Solo alcuni "settori" possono essere amministrati dall'Ue (nota bene: l'immigrazione non è uno di questi);

- gli Stati membri non hanno una sovranità granitica al 100%: alcuni settori di intervento sono stati "sottratti" ai singoli Stati, in quanto questi, da soli, sicuramente non sarebbero riusciti a fare di meglio (pensate, per esempio, alle regole di concorrenza tra le imprese);

- l'Unione europea e gli Stati membri, in generale, e, soprattutto, nelle cosiddette competenze concorrenti, devono agire cooperando tra loro, avendo come fine ultimo il bene dei cittadini nazionali ed europei.

3.3. Unione europea: come si entra, come si esce

Come abbiamo avuto modo di comprendere attraverso l'analisi storica dei decenni successivi alla Seconda Guerra mondiale, l'Unione europea è un'organizzazione internazionale, per così dire, "in divenire". Oggi è composta da 27 nazioni, ma non è sempre stato così. Vi sono stati momenti storici in cui l'Unione ha visto il proprio allargamento, e altri momenti – a dir il vero, un solo momento – in cui vi è stato un restringimento del numero degli Stati membri. Determiniamo questi momenti per punti:

- 1973: ingresso di Danimarca, Irlanda e Regno Unito;

- 1981: ingresso della Grecia;

- 1986: ingresso di Portogallo e Spagna;

- 1995: ingresso di Austria, Finlandia e Svezia;

- 2004: ingresso di Cipro, Estonia, Lettonia, Lituania, Malta, Polonia, Repubblica ceca, Slovacchia, Slovenia e Ungheria;

- 2007: ingresso di Bulgaria e Romania;

- 2013: ingresso della Croazia;

- 2016: recesso del Regno Unito.

A leggere queste date, in colonnate l'una dopo l'altra, viene facile pensare che entrare o uscire dall'Unione sia un qualcosa di facile; che si tratti di una decisione volontaria, incondizionata, con il quale questa o quella nazione decide di aderire ad un gruppo di nazioni, o di uscirvi. A dispetto di ciò, le procedure per entrare nell'Unione europea, o per recedere, sono *iter* estremamente complessi. Far parte dell'Unione europea, infatti, significa aderire non solo ad un sistema di norme e regole di funzionamento, bensì ad un sistema di valori, che costituisce, oggi, lo spazio di maggior tutela del diritto nel mondo; significa far parte di un mercato unico europeo che contempla circa 23 milioni di imprese; significa; significa integrare la propria cultura e le proprie tradizioni nazionali con quelle di molti altri Stati membri, con lo scopo non già di far soccombere le proprie, bensì di creare un luogo di condivisione e rispetto delle diversità, con il fine ultimo di giovarne sotto il punto di vista sociale ed economico. Non a caso, il motto dell'Unione europea è proprio "Uniti nelle diversità", a testimoniare il fatto che l'Unione ambisce a diventare uno spazio geografico che mira "*sempre più*" a valorizzare le diversità culturali e sociali di ogni Stato membro, nel rispetto della condivisione dei valori che rappresentano il minimo comun denominatore per poter entrare nella comunità europea. Cerchiamo di capire, dunque, come si entra nell'Unione europea e soprattutto perché uno Stato terzo dovrebbe aderirvi.

a. COME SI ADERISCE ALL'UNIONE

Permettere ad uno Stato terzo di entrare a far parte dell'Unione europea e consentire l'allargamento della sfera di influenza della Comunità europea, è stato uno dei *desiderata* più importanti dei padri fondatori dell'Ue. Oggi, tale desiderio è rimasto pressoché intatto e i Trattati, attraverso apposite norme, disciplinano proprio questo importante obiettivo. In termini più concreti, l'allargamento dell'Unione è il processo che consente agli Stati terzi di aderire all'Unione europea, dopo che questi hanno soddisfatto una serie di condizioni politiche ed economiche. Se è vero, infatti, che il processo di allargamento si prefigge lo scopo di incoraggiare le riforme democratiche ed economiche nei Paesi che desiderano diventare membri dell'UE, oltreché promuovere una maggiore stabilità e prosperità in Europa, è pur vero che tale scopo non può prescindere dalla condivisione di un assetto di valori politici e di requisiti economici. Più nello specifico, i Trattati prevedono dei veri e propri requisiti, i c.d. "criteri di Copenaghen" (denominati dopo la riunione del Consiglio europeo di Copenaghen del 1993 che li ha definiti), ovverosia delle condizioni essenziali (politiche, economiche ed istituzionali) che tutti i paesi candidati devono soddisfare per diventare Stati membri dell'Unione. Tali criteri sono determinati dall'art. 49 del TUE, il quale prevede che:

"*Ogni Stato europeo che rispetti i valori di cui all'articolo 2 e si impegni a promuoverli può domandare di diventare membro dell'Unione. (…)*" (art. 49, par.1 TUE)

Tale articolo costituisce la base giuridica per consentire ad uno Stato terzo di domandare di entrare nell'Unione. Il primo aspetto che salta alla nostra attenzione è certamente quello del rispetto (e della promozione) dei valori di cui all'art. 2 del TUE. Tali valori politici, richiamati tramite un rinvio, sono, in particolare:

- il rispetto della dignità umana, la libertà, la democrazia, l'uguaglianza e lo Stato di diritto;

- il rispetto dei diritti umani, compresi i diritti delle persone appartenenti a minoranze;

- il rispetto di una società caratterizzata dal pluralismo e dalla non discriminazione, dalla tolleranza, dalla giustizia, dalla solidarietà e dalla parità tra donne e uomini.

Queste parole non sono solo termini altisonanti. Siamo spesso abituati ad ascoltarle e a dare per scontato, o per superfluo, il loro significato e valore. In Paesi non troppo distanti dal nostro, al di fuori dello spazio geografico europeo, questi valori non sono condivisi, rispettati e promossi. Non troppo lontano dal territorio dell'Unione queste libertà imprescindibili non sono una certezza, non rappresentano un dato di fatto, ma costituiscono, purtroppo, un terreno ancora di conquista, in contesa con ideologie e governi illiberali. I Trattati, dunque, pongono un limite invalicabile: il rispetto e la promozione di tali valori politici. Altrimenti, non vi è margine di manovra per aderire all'Unione europea.

A seguire, vi sono due ulteriori aspetti degni di nota. Il primo: lo Stato richiedente deve essere uno stato europeo, dunque uno Stato che geograficamente sia collocato in Europa o lungo i suoi confini. Ciò per la semplice ragione che l'Unione ha bisogno di una sua continuità territoriale per meglio organizzare il funzionamento del mercato unico europeo. Il secondo: il rispetto degli ulteriori criteri di Copenaghen, ovverosia quelli economici e istituzionali. Nello specifico, per far sì che una candidatura sia presa in considerazione, occorre che gli Stati richiedenti abbiano: (i) un'economia di mercato funzionante e la capacità di far fronte alla concorrenza e alle forze di mercato (criterio economico); e (ii) la capacità amministrativa e istituzionale di attuare l'insieme dei diritti, degli obblighi e degli obiettivi politici sanciti nei Trattati, i quali accomunano e vincolano gli Stati membri dell'Unione europea. L'insieme di tali diritti, obblighi e obiettivi sanciti dai Trattati sono denominati "acquis comunitario".

Soffermiamoci adesso brevemente sulla procedura di adesione prevista dai Trattati. Il TUE disciplina espressamente la procedura di adesione all'art. 49. Tale procedura, in particolare, inizia dopo che uno Stato richiedente ha presentato domanda di adesione all'Unione e la sua domanda è stata accolta da tutti gli Stati membri. Tale procedura prevede n. 4 fasi: una fase di preadesione, una fase preliminare, una fase di negoziato e una fase conclusiva, così articolate:

1. La FASE DI PREADESIONE. Nella fase di preadesione un Paese terzo che aspira a diventare Stato membro, prima di formalizzare la vera e propria domanda di adesione, provvede ad adeguare le proprie istituzioni, normative ed infrastrutture per essere in grado di ottemperare agli obblighi di uno Stato membro;

2. La FASE DI PRELIMINARE. Terminata la fase di preadesione, uno Stato terzo formula una vera e propria domanda di adesione. Lo Stato richiedente, poi, deve soddisfare i citati criteri di Copenaghen e, pertanto, avviene una fase di verifica di detti requisiti da parte della Commissione europea e del Parlamento europeo. Se tali istituzioni danno parere favorevole alla verifica, allora è possibile avviare le vere e proprie trattative;

3. La FASE DEI NEGOZIATI. Ottenuti i pareri positivi di Commissione europea e Parlamento europeo, iniziano, dunque, i negoziati tra lo Stato richiedente e l'Unione. Lo Stato candidato, infatti, deve garantire la capacità di

rispettare e assumere l'acquis comunitario. Pertanto, si impegna ad assumere una serie di impegni vincolanti volti a fornire delle garanzie con riferimento a circa 35 "capitoli" che riguardano principalmente: (i) il mercato unico europeo (libera circolazione delle merci, delle persone, dei capitali e dei servizi); (ii) le politiche comuni dell'Unione (agricoltura, commercio, concorrenza, trasporti, etc); e (iii) le politiche di solidarietà di cui beneficiano regioni e popolazioni meno favorite. Tali negoziati si svolgono nell'ambito di conferenze intergovernative bilaterali che coinvolgono, da un lato, tutti gli Stati membri e, dall'altro, il Paese candidato. La Commissione europea è l'istituzione incaricata di monitorare l'andamento dei negoziati e l'idoneità del Paese candidato, attraverso relazioni periodiche. I tempi del processo di adesione possono variare sensibilmente da caso a caso e dipendono fondamentalmente dai progressi compiuti da ciascun Paese richiedente nella realizzazione degli obiettivi comuni. Come si può intuire, più lo Stato candidato è "distante" dai valori dell'Unione o, comunque, in una situazione economica difficoltosa, più i negoziati saranno complessi e duraturi. La buona riuscita dei negoziati dipende, in definitiva, dal fatto che il Paese aspirante dimostri di aver soddisfatto i 35 capitoli dell'Acquis europeo;

4. La FASE CONCLUSIVA. Una volta concluse le trattative riferite all'insieme dei citati "capitoli" dell'acquis comunitario, il processo di adesione giunge alla formulazione di un accordo, il c.d. "Trattato di adesione". Detto Trattato sancisce formalmente l'idoneità di un Paese richiedente ad ottenere lo *status* di Stato membro. Affinché ciò avvenga, tuttavia, è necessario che il Trattato di adesione (i) riceva il parere conforme del Parlamento europeo, (ii)

l'approvazione all'unanimità dal Consiglio dell'Unione, e (iii) la ratifica da parte di tutti gli Stati membri e dal Paese candidato, in base alle rispettive norme costituzionali.

Come potete osservare, non si tratta di un *iter* semplice. Nonostante questo, l'Unione europea è passata nel corso dei decenni da 6 nazioni fondative, a 27 nazioni attuali. E non è tutto: da diversi anni sono in corso altri procedimenti di adesione. Sono candidati, infatti: il Montenegro, la Serbia, la Turchia, la Macedonia del Nord, l'Albania, l'Ucraina, la Moldavia, la Bosnia-Erzegovina e la Georgia. Questo la dice lunga sul perché lo spazio economico e giuridico offerto dall'Unione mostri una notevole forza attrattiva. Ebbene, le motivazioni sono molteplici:

- l'Unione europea è uno spazio geografico che promuove e garantisce la pace. L'Unione, infatti, ha prodotto oltre mezzo secolo di pace, stabilità e prosperità. E svolge, inoltre, un ruolo importante nella diplomazia tra le nazioni di tutto il mondo, con il fine di promuovere i suoi valori fondativi, ovverosia la democrazia, le libertà fondamentali e lo Stato di diritto;

- l'Unione europea è uno spazio giuridico che si ispira ai valori costituzionali della democrazia, della solidarietà e del liberismo. Tutti i cittadini europei hanno il diritto di studiare, lavorare o andare in pensione in qualsiasi paese dell'Unione. Possono viaggiare liberamente senza alcuna restrizione e anche decidere di partecipare alla vita politica di un altro Paese membro, se lì residenti. L'Unione, inoltre, garantisce a ogni cittadino dell'Unione, in ogni Paese membro, diritti minimi in materia di salute, sicurezza sul lavoro e pari opportunità, nonché la tutela da ogni forma di discriminazione;

- l'Unione europea è il più grande mercato unico del mondo. Si tratta di uno spazio economico che consente alla maggior parte delle merci, dei servizi, dei capitali e delle persone di circolare liberamente in quasi tutto il continente. Senza alcuna barriera doganale e senza procedure amministrative ostative. In Europa gli imprenditori sono protetti dagli effetti negativi della globalizzazione grazie al sostegno dell'Unione alle piccole imprese e alle norme che obbligano le grandi imprese a pagare la loro parte di imposte;

- l'Unione europea è un'organizzazione potenzialmente capace di esprimere una sola voce sulla scena mondiale, anziché strategie geopolitiche, industriali o commerciali distinte. Agendo all'unisono, i paesi dell'UE hanno maggior peso sulla scena mondiale rispetto a 27 nazioni di dimensioni diverse che agiscono separatamente. Nel loro insieme, le istituzioni europee e i governi nazionali costituiscono il principale donatore mondiale di assistenza allo sviluppo.

A fronte di questi – e molti altri – benefici, si comprende perché i piccoli Stati balcanici, dove si sono svolti gli ultimi conflitti nazionalisti in terra europea, fanno la fila per entrare nell'Unione europea. Tuttavia, è pur vero che vi sono sicuramente degli oneri. Primo fra tutti, l'obbligo per gli Stati membri di cedere parte della propria sovranità. Eppure, i benefici sopra illustrati, se vi fermate a riflettere un momento, noterete hanno un valore incalcolabile. E lo stanno capendo molte altre nazioni in tutta Europa (e anche al di fuori). Solo noi europei, talvolta, ci dimentichiamo il valore di tutte queste libertà e garanzie.

b. LA SOSPENSIONE DELLO "STATUS" DI STATO MEMBRO

Quello di Stato membro, non è uno *status* a vita. Se è

possibile diventare membri dell'Unione, e acquisire i rispettivi onori, allo stesso modo è possibile perdere i privilegi concessi da tale *status*. La motivazione è semplice: l'Unione è un'organizzazione che è dotata di proprie regole interne finalizzate a garantirne il funzionamento complessivo. Nel caso in cui uno o più Stati membri si dovessero comportare in maniera tale da compromettere il raggiungimento degli obiettivi prefissati nei Trattati, allora sarebbero attivabili determinati meccanismi per scoraggiare gli Stati "trasgressori" e preservare l'unità e l'identità dell'Unione. Ovviamente, questi meccanismi sono diversi e hanno un'incisività che varia a seconda dell'entità delle condotte attuate. Il rimedio più drastico è senza dubbio il procedimento di sospensione dei diritti di Stato membro. Tale procedimento è sancito all'interno dell'art. 7 del TUE e, attraverso tre distinte fasi, giunge a "congelare" i diritti acquisiti da uno Stato membro con il Trattato di adesione, come, a esempio, il diritto di voto in seno al Consiglio dell'Unione. La procedura di sospensione, data la sua incisività, si attiva qualora venga riscontrato una grave ed evidente violazione di uno o più valori fondamentali dell'Unione europea sanciti dall'art. 2 del TUE. Le n. 3 fasi, rispettivamente, attengono a:

(i) la constatazione del rischio di violazione grave. Il Consiglio dell'Unione, su proposta motivata di 1/3 degli Stati membri, del Parlamento europeo o della Commissione europea, può constatare che esiste un evidente rischio di violazione grave da parte di uno Stato membro. Prima di procedere a tale constatazione, il Consiglio dell'Unione ascolta lo Stato membro in questione e gli rivolge raccomandazioni volte a far cessare eventuali condotte illegittime;

(ii) la constatazione dell'esistenza di una violazione grave e persistente. Il Consiglio europeo, deliberando all'unanimità su proposta di un terzo degli Stati membri o della Commissione europea e previa approvazione del Parlamento europeo, può constatare l'esistenza di una violazione grave e persistente da parte di uno Stato membro dei valori di cui all'articolo 2 TUE, dopo aver invitato tale Stato membro a presentare osservazioni;

(iii) la sospensione dei diritti dello Stato membro. Qualora sia stata verificata la constatazione di una violazione grave e persistente dei valori di cui all'art. 2 TUE, il Consiglio dell'Unione, deliberando a maggioranza qualificata, può decidere di sospendere alcuni dei diritti appartenenti allo Stato membro in questione, compresi i diritti di voto del rappresentante del governo di tale Stato membro in seno al Consiglio dell'Unione.

Nell'agire in tal senso, il Consiglio tiene conto delle possibili conseguenze di una siffatta sospensione, che rappresenta un rimedio con conseguenze estremamente dirompenti.

c. IL RECESSO DALL'UNIONE EUROPEA

La procedura di recesso dall'Unione europea è disciplinata dall'art. 50 del TUE, il quale sancisce quanto segue:

"Ogni Stato membro può decidere, conformemente alle proprie norme costituzionali, di recedere dall'Unione." (art. 50, par. 1 TUE)

"Lo Stato membro che decide di recedere notifica tale intenzione al Consiglio europeo. Alla luce degli orientamenti formulati dal Consiglio europeo, l'Unione negozia e conclude con tale Stato un accordo volto a definire le modalità del recesso, tenendo conto del quadro delle future relazioni con l'Unione. (...)." (art. 50, par. 2 TUE)

Questa è la norma europea principale in materia di *"exit"*, disciplinata dal Trattato sull'Unione europea. Un articolo vago che evidenzia una via, senza dettare alcuna linea guida per perseguirla. Prima dello storico evento denominato "Brexit", il procedimento per recedere dall'Unione non era altro che una norma di garanzia finalizzata a consentire agli Stati membri il recesso dall'Unione. Nessun protocollo, nessun allegato al Trattato. L'Unione europea, all'indomani del referendum del 23 giugno 2016, si è trovata, infatti, in una situazione drammatica e senza precedenti: dover porre fine, in maniera ordinata, a 47 anni di integrazione economica, giuridica e politica, cercando di minimizzare i danni che Brexit inevitabilmente avrebbe causato alle imprese e ai cittadini dell'Unione; dover realizzare un accordo di recesso che tutelasse i diritti di tutti i cittadini europei residenti nel Regno Unito, e dei cittadini britannici residenti nell'Unione, ma che si occupasse, allo stesso modo, di molte altre tematiche completamente distanti, come la tutela della proprietà intellettuale, la pesca o la progressiva sospensione della cooperazione giudiziaria e di polizia in materia penale. Solo l'esperienza "sul campo" ha consentito all'Unione di adottare un metodo per condurre le negoziazioni. Per quanto fosse drammatica la situazione, fortunatamente gli enormi sforzi attuati da una parte e dall'altra hanno consentito la realizzazione di un accordo di recesso che risolvesse tutte le questioni della separazione del Regno Unito dall'Unione. Ma non è ancora finita: l'entrata in vigore dell'accordo di recesso – avvenuta nel 2020, ovverosia ben 4 anni dopo il referendum britannico – non ha ancora concluso la vicenda *Brexit*, in quanto restano da definire, ancora oggi, le future relazioni commerciali, economiche e politiche.

Le conseguenze economiche della Brexit, sia per il Regno Unito che per l'Unione, potranno essere contabilizzate con precisione solamente a tempo debito. Tuttavia, non c'è dubbio che l'uscita del Regno Unito dal mercato interno e dall'Unione doganale europea – con la conseguente abolizione della libera circolazione e la reintroduzione di dazi e misure regolatorie restrittive del commercio – causerà danni, specialmente per il

Regno Unito.

L'argomento Brexit è estremamente affascinante da un punto di vista politico, sociale, economico e giuridico. E su di esso solo si potrebbero scrivere moltissimo. Per ciò che ci concerne, ho pensato di approfondire, in questa sede, un aspetto rispetto al quale ho reputato fosse importante fare chiarezza: la (im)possibilità dell'Italia di uscire dall'Unione. Per lunghi anni abbiamo ascoltato *leader* politici mettere in discussione l'appartenenza dell'Italia all'Unione europea. Da ultimi: il Movimento 5 Stelle, la Lega e Fratelli d'Italia. Ebbene, a fronte di queste minacce più o meno velate, mi sono semplicemente chiesto se, effettivamente, fosse possibile per l'Italia, da un punto di vista tecnico-giuridico, uscire dall'Unione europea. Come è facile immaginare, la risposta, in via teorica, non può che essere affermativa. Del resto, sarebbe assurdo se l'Italia fosse costretta a rimanere in un'organizzazione internazionale, qualsiasi essa sia, senza alcuna possibilità di recesso; parimenti, sarebbe assurdo se, a fronte dell'uscita del Regno Unito, un altro Stato sovrano come l'Italia non potesse fare altrettanto. Ciononostante, il meccanismo per attuare una *Italexit* non è così immediato come molti osservatori potrebbero immaginare. Se, infatti, qualcuno, oggi, mi chiedesse: *"Andrea, l'Italia domani può uscire dall'Unione?"*, risponderei di no. E ciò per una semplice ragione: la nostra Costituzione, allo stato attuale, non ce lo consentirebbe. Cerchiamo di comprendere le ragioni, partendo da un assunto: come evidenziato, l'art. 50 del TUE consente agli Stati membri di uscire dall'Unione *"conformemente alle proprie norme costituzionali"*. Da questo punto di vista, innanzitutto, l'Italia sembrerebbe essere maggiormente tutelata rispetto al Regno Unito, il quale, si tenga a mente, non è provvisto di una Costituzione scritta. I britannici sono stati costretti, proprio per questo motivo, ad indire un apposito referendum e, a seguire, a confermarlo con una legge del Parlamento. In Italia, diversamente, c'è da fare i conti (*per fortuna…*) con la Costituzione, la quale, ci evidenzia, in particolare, che:

"*Non è ammesso il referendum per le leggi tributarie e di bilancio, di amnistia e di indulto, di autorizzazione a ratificare trattati internazionali*" (art. 75, c. 2 Cost.)

Il dettato normativo è chiaro: è precluso qualsivoglia tentativo di indire un referendum in materia di *Italexit*. Ma non è tutto qui. La Costituzione, inoltre, all'art. 11, sancisce che:

"L'Italia ripudia la guerra […]; consente, in condizioni di parità con gli altri Stati, alle limitazioni di sovranità necessarie ad un ordinamento che assicuri la pace e la giustizia fra le Nazioni; promuove e favorisce le organizzazioni internazionali rivolte a tale scopo." (art. 11 Cost.)

L'Italia, dunque, "*consente alle limitazioni necessarie ad un ordinamento* [quello europeo] *che assicuri la pace e la giustizia fra le Nazioni*" [e] "*promuove e favorisce le organizzazioni internazionali* [di nuovo, l'Unione europea] *rivolte a tale scopo*". E allora: se è vero che l'Italia, oggi, fa parte dell'Unione europea quale ordinamento finalizzato ad assicurare la pace e la giustizia fra le Nazioni; e se è vero che l'Italia è tenuta a consentire le limitazioni di sovranità necessarie ad un ordinamento che assicuri la pace; allora uscire dall'Unione europea significherebbe eludere l'obbligo sancito dall'art. 11 della Costituzione sopra riportato. Pertanto, se proprio qualche buontempone volesse effettuare un *Italexit*, prima dovrebbe cimentarsi nel modificare la Costituzione.

Qualcuno più tenace potrebbe sostenere: "Va bene, una volta modificata la Costituzione, però, il gioco è fatto!". A mio avviso, non ci siamo ancora. E ciò per due ordini di motivi:

1. modificare la Costituzione rappresenta un'impresa tutt'altro che agevole. L'*iter* legislativo a ciò deputato prevede numerosi passaggi tra Camera e Senato e necessita, ad ogni modo, di ampie maggioranze parlamentari. Già qui potremmo fermarci: nessun partito, da solo, avrebbe mai i

numeri per modificare la Costituzione. Non sto parlando, infatti, di una maggioranza di governo che abbia il 51% dei deputati o senatori: l'unico modo per raggiungere le maggioranze necessarie per modificare la Costituzione è quello di ottenere il benestare delle opposizioni politiche. Per quanto lo scenario politico italiano abbia sovente dato prova di essere tragicomico e incoerente, siamo ancora ben lontani dal prefigurarsi di una compatta coalizione anti-Unione;

2. modificare l'art. 11 della Costituzione rappresenterebbe un'impresa più ardua del normale. Tale articolo, infatti, si colloca tra i c.d. "principi fondamentali" della Costituzione, ovverosia, gli articoli che vanno dal n. 1 al n. 12, che contengono i principi, appunto, "fondamentali", su cui si fonda l'ordinamento giuridico italiano. Una sua modifica non costituirebbe una mera revisione costituzionale, bensì rappresenterebbe un vero e proprio mutamento dell'ordine costituzionale. Stiamo parlando di un avvenimento dalla portata nettamente più ampia, quasi di una mutazione della forma di Stato, che troverebbe le resistenze di quasi ogni centro di potere – istituzionale e non – esistente in Italia. Del resto, ciò non dovrebbe destare sorpresa: la Costituzione e il progetto d'integrazione europea sono due facce della stessa medaglia. Non è un caso che sia stata proprio la Corte costituzionale italiana la prima Corte, tra le sue pari in Europa, a riconoscere e accettare con le proprie sentenze, proprio in virtù dell'art. 11, la vicendevole integrazione tra l'ordinamento giuridico italiano e quello europeo.

In definitiva, è vero che non siamo immuni dalla retorica populista di alcuni *leader* (poco addetti ai lavori), ma è altrettanto vero che abbiamo una Carta costituzionale che ci protegge da scelte politiche avventate. Come quella di Brexit.

CAPITOLO 4

CHE COSA FA L'UNIONE EUROPEA

Adesso che si ha un quadro più chiaro di cosa sia l'ordinamento europeo, di come si sia evoluto nel corso dei decenni, di quali principi giuridici si avvalga e di quali istituzioni sia composto, possiamo soffermarci sul "cosa" faccia l'Unione europea.

Come si è detto, tra l'Unione europea e gli Stati membri opera un sistema di riparto delle competenze, il quale dà ordine e chiarisce chi può fare cosa, e in che misura. Tenendo conto delle competenze esclusive, delle competenze concorrenti e delle competenze complementari, il novero di settori in cui l'Unione europea può operare, è molto rilevante. Si può correttamente dire che l'Unione opera pressoché in ogni settore d'intervento.

Settore	Competenza	Tipologia
Unione doganale	Si	Esclusiva
Concorrenza nel mercato Ue	Si	Esclusiva
Politica monetaria	Si	Esclusiva
Flora e fauna marine	Si	Esclusiva
Politica commerciale comune	Si	Esclusiva
Mercato interno	Si	Concorrente

Politica sociale e occupazione	Si	Concorrente
Coesione economica, sociale e territoriale	Si	Concorrente
Agricoltura e pesca	Si	Concorrente
Ambiente	Si	Concorrente
Protezione dei consumatori	Si	Concorrente
Trasporti e reti transeuropee	Si	Concorrente
Energia	Si	Concorrente
Giustizia e diritti fondamentali	Si	Concorrente
Migrazioni e affari interni	Si	Concorrente
Ricerca e spazio	Si	Concorrente
Cooperazione allo sviluppo e aiuti umanitari	Si	Concorrente
Salute pubblica	Si	Complementare
Industria	Si	Complementare
Cultura	Si	Complementare
Turismo	Si	Complementare
Istruzione, formazione professionale, gioventù e sport;	Si	Complementare
Protezione civile;	Si	Complementare
Cooperazione amministrativa	Si	Complementare

In ognuno di questi settori – con l'eccezione della politica estera e di sicurezza comune e delle politiche fiscali e tributarie – l'Unione europea svolge un gran numero di attività, le quali prendono il nome di "politiche dell'Unione". Si hanno tante politiche, quanti sono i settori in cui l'Unione opera. Avremo, pertanto, per esempio, una politica in ambito di agricoltura (la "PAC"), una politica europea in materia di Giustizia e Stato di diritto, una in materia di Concorrenza, e via dicendo. Le politiche dell'Unione sono assegnate alle Commissioni di lavoro competenti in materia, tanto nella Commissione europea quanto nel Parlamento europeo. Analizziamone qualcuna, in generale, così da capirne gli scopi:

- la politica agricola comune. Questa politica si prefigge, tra gli altri obiettivi, di: (i) incrementare la produttività agricola; (ii) di assicurare lo sviluppo razionale della produzione; (iii) di assicurare un tenore di vita equo alla popolazione agricola; (iv) di stabilizzare i mercati e (v) di assicurare prezzi ragionevoli nelle consegne ai consumatori;

- la politica comune dei trasporti. Questa politica è finalizzata, tra l'altro, a: (i) eliminare gli ostacoli alle frontiere tra gli Stati membri; (ii) contribuire alla libera circolazione delle persone e delle merci e (iii) stabilire le norme applicabili ai trasporti internazionali, nonché le condizioni per l'ammissione dei vettori e le misure di sicurezza dei trasporti;

- la politica commerciale comune. Questa politica, nel rispetto dei riparti di competenze con gli Stati membri, si occupa delle misure concernenti le modifiche tariffarie e, in particolare, di proprietà intellettuale, investimenti esteri, politiche di protezione commerciale;

- la politica di coordinamento economico e monetario. Tale politica è finalizzata a: (i) coordinare le singole politiche economiche nazionali, al fine di efficientare l'intero sistema economico dell'Unione; (ii) garantire la stabilità finanziaria dei Paesi, e, in particolare, dell'eurozona. Si pensi, a esempio, all'introduzione, tra le regole economiche europee, al "pareggio di bilancio", al "Patto di stabilità" che prescrive gli obblighi relativi alla possibilità, di uno Stato, di indebitarsi o meno;

- la politica di sostegno agli Stati membri. È l'insieme di politiche volte a sostenere e aiutare i Paesi economicamente più svantaggiati. Si pensi, a titolo di esempio, all'ormai celebre *Next Generation UE* (sul quale ci soffermeremo a breve);

- la politica sociale e dell'occupazione. Tale Politica si prefigge l'obiettivo di: (i) incrementare l'occupazione negli Stati membri; (ii) aumentare il tenore di vita dei cittadini Ue; (iii) aumentare il PIL pro-capite degli Stati membri; (iv) diminuire l'esclusione sociale e (v) garantire un migliore livello di istruzione e di salute umana;

- la politica ambientale. Tale politica si prefigge lo scopo di promuovere lo sviluppo sostenibile, inteso come progresso sostenibile economico, sociale e ambientale (sulla scia di quanto sancito nell'Agenda 2030 per lo sviluppo sostenibile dell'ONU). Nello specifico, le politiche dell'Ue in tale materia si fondano su principi di precauzione e si ispirano a un motto, che, in estrema sintesi, consiste nel "chi inquina paga";

- la politica estera e di sicurezza comune (la c.d. PESC). Tale politica si occupa di principalmente di individuare le questioni e gli interessi generali europei, sul piano internazionale. È definita dal Consiglio europeo, ma attuata dal Consiglio dell'Unione (all'unanimità) e fortemente influenzata dagli Stati membri. La figura "a capo" di tale politica è l'Alto Rappresentante per gli affari esteri e la politica di sicurezza, un soggetto forte sulla carta, ma estremamente inefficace dal punto di vista operativo: l'Alto rappresentante, per operare, necessita di una delega dal Consiglio europeo (i Capi di Governo), il quale non riesce mai a trovare un accordo.

L'Unione, inoltre, ha implementato nel corso dei decenni uno "spazio di libertà, sicurezza e giustizia" che offre: (i) la libera circolazione delle persone, senza alcun controllo transfrontaliero; (ii) misure appropriate relativamente ai controlli alle frontiere esterne dell'Unione; (iii) una lotta alla criminalità, anche connessa a fenomeni di immigrazione irregolare. Ulteriormente, le istituzioni europee hanno facilitato e contribuito a semplificare l'implementazione di un efficace sistema di giustizia favorendo (i) il coordinamento tra gli organi di polizia e le procure degli stati membri (si pensi al mandato di arresto europeo e all'armonizzazione delle legislazioni penali), nonché (ii) il riconoscimento reciproco delle decisioni giurisdizionali in materia civile.

4.1. Le forme di intervento dell'Unione europea

Sin dalla sua nascita, l'Unione europea ha agito con lo scopo di far crescere il benessere dei propri cittadini, di creare uno spazio geografico di libertà e pace, in cui diritti sociali, economici e giuridici si integrassero vicendevolmente. Sia che si trattasse di questioni sociali, economiche o commerciali, infatti, l'Unione europea ha sempre agito secondo logiche di solidarietà e al fine di realizzare una sempre maggiore coesione economica, sociale e territoriale (uno degli obiettivi fondamentali dell'Unione, ai sensi dell'art. 3 del TUE). In particolare, nel corso degli anni, l'Unione ha mirato a diminuire il dislivello tra i diversi gradi di sviluppo delle varie regioni geografiche, nonché a ridurre il ritardo nei progressi delle regioni meno favorite o insulari. Con i suoi interventi, ha posto, inoltre, un accento particolare alle zone rurali, alle zone interessate da transizione industriale, nonché alle regioni che presentano gravi e permanenti svantaggi naturali o demografici.

Lo strumento d'intervento preferito per eccellenza dall'Unione è il finanziamento. Nel corso dei decenni, l'Unione ha finanziato numerosissimi progetti e programmi, individuati sia dal "triangolo decisionale" (Commissione Ue, Parlamento Ue e Consiglio dell'Unione), sia proposti dagli Stati membri. In particolare, i finanziamenti dell'Unione assumono diverse forme:

- sovvenzioni, generalmente richieste da persone fisiche, oltre che da imprese ed enti, che propongono idee per progetti, a seguito di un cosiddetto "invito a presentare proposte" bandito dall'Unione;

- sussidi, gestiti da enti nazionali o regionali, ma stanziati ed erogati dall'Unione;

- prestiti, garanzie e capitali pensati come forme di assistenza finanziaria per gli Stati membri, al fine di concretizzare le politiche e i programmi dell'Unione;

- premi destinati ai vincitori dei concorsi banditi dall'Unione e prestiti a Paesi terzi.

Nell'erogare le risorse finanziarie, l'Unione applica norme severe per controllare in modo rigoroso le modalità di utilizzo dei fondi, nonché per garantire che questi vengano spesi in maniera trasparente e responsabile.

4.2. Come avviene la gestione dei fondi dell'Unione

I programmi e i progetti dell'Unione europea sono finanziati dal bilancio dell'Unione, per il tramite di fondi finanziari. Questi fondi, altro non sono che patrimoni monetari "destinati" a determinate attività (i progetti, per l'appunto). In particolare, i programmi previsti dalle politiche europee possono essere gestiti in n. 3 modi diversi:

1. mediante gestione diretta;

2. mediante gestione concorrente;
3. mediante gestione indiretta.

LA GESTIONE DIRETTA

Quando un fondo finanzia attività gestite direttamente, vuol dire che i finanziamenti stanziati dall'Unione sono gestiti direttamente dalla Commissione europea, per il tramite delle sue delegazioni e agenzie. La Commissione, infatti, è direttamente responsabile di tutte le fasi dell'attuazione di un programma, ovverosia: (i) la pubblicazione degli inviti a presentare le proposte; (ii) la valutazione delle proposte presentate; (iii) la firma delle convenzioni di sovvenzione; (iv) il controllo dell'esecuzione dei progetti; (v) la valutazione dei risultati e (vi) l'erogazione dei finanziamenti. I programmi attuati in regime di gestione diretta rappresentano circa il 20% del bilancio dell'Unione. Inoltre, gran parte dei fondi provenienti dal Piano *Next Generation EU* sono attuati anch'essi in regime di gestione diretta, ma su questo specifico aspetto ci arriveremo tra poco.

LA GESTIONE CONCORRENTE

Nella gestione concorrente dei finanziamenti dell'Unione, la responsabilità della gestione di un determinato programma è condivisa tra la Commissione europea e le autorità nazionali degli Stati membri. Viene gestito in questo modo circa il 70% dei programmi dell'UE. La gestione concorrente implica l'intervento operativo delle amministrazioni dei singoli Stati: se, a esempio, un agricoltore chiedesse un finanziamento all'Unione europea per sovvenzionare un proprio progetto agricolo, potrà richiedere i fondi nell'ambito della politica agricola comune (PAC) passando per il ministero dell'Agricoltura del suo Paese (nel nostro caso, passando per il Ministero della *"Sovranità alimentare"*), o un'istituzione equivalente incaricata di gestire i fondi a nome dell'Unione.

Molto spesso, quindi, sono le amministrazioni nazionali, regionali e locali degli Stati membri a scegliere quali progetti finanziare. Parimenti, sono questi soggetti a essere responsabili della loro gestione quotidiana, fermo restando la supervisione delle agenzie della Commissione europea e della Corte dei conti dell'Ue. La gestione concorrente viene utilizzata soprattutto per la politica di coesione e per le politiche in materia di agricoltura, in particolare, attraverso i seguenti fondi: (i) il Fondo europeo di sviluppo regionale, per lo sviluppo regionale e urbano, (il "FESR"); (ii) il Fondo di coesione, per agevolare la convergenza economica delle regioni meno sviluppate; (iii) il Fondo sociale europeo, per l'inclusione sociale e il buon governo (il "FES"); (iv) il Fondo per una transizione giusta (sostiene le regioni più colpite dalla transizione verso la neutralità climatica); (v) il Fondo europeo agricolo per lo sviluppo rurale (il "FEASR") e (vi) il Fondo europeo per gli affari marittimi e la pesca (il "FEAMP").

LA GESTIONE INDIRETTA

Alcuni programmi di finanziamento Ue sono attuati, invece, in tutto o in parte con il sostegno di altri enti diversi dagli Stati o dalle amministrazioni locali.

Si tratta di autorità nazionali, europee o di organizzazioni internazionali esterne all'Unione europea, quali, a titolo di esempio: (i) l'ONU; (ii) gli organismi di Paesi Terzi; (iii) la Banca mondiale; (iv) il Fondo monetario internazionale (FMI); (v) la BEI o il Fondo europeo degli investimenti (FEI); (vi) il Centro europeo per la prevenzione e il controllo delle malattie (ECDC); (vii) l'Autorità europea per la sicurezza alimentare (EFSA); e molte altre. Nell'insieme di fondi gestiti in via indiretta rientrano la maggior parte delle attività economiche destinate agli aiuti umanitari e allo sviluppo di cooperazioni internazionali. A esempio, le attività economiche a sostegno dell'epidemia di Ebola in Africa occidentale, o del terremoto in Nepal nel 2015 sono state gestite in via indiretta. I programmi attuati in questo regime di gestione rappresentano circa il 10% del bilancio complessivo dell'Unione.

4.3. La risposta europea alla crisi pandemica

Sicuramente vi sarà capitato di ascoltare qualcuno descrivere l'Unione europea come un soggetto economicamente limitato, debole e destinato all'autogestione, piuttosto che all'amministrazione delle importanti sfide del nostro tempo. Allo stesso modo, certamente avrete ascoltato qualcuno raccontare dell'Unione come di un'organizzazione senza un'anima, destinata a farsi trascinare dalla corrente degli avvenimenti contingenti e dalle circostanze esterne. Ho riflettuto a lungo per capire come commentare questo genere di osservazioni; come evidenziare il fatto che l'Unione europea rappresenta in realtà, al netto di alcune criticità - e al di là delle tanto facili quanto deboli contestazioni - un'invenzione istituzionale, culturale e giuridica che ha del potenziale incredibile. Alla fine, la soluzione è apparsa alla mia mente da sola: raccontare come l'Unione ha saputo rispondere alla pandemia da Covid-19. E allora ripercorriamo insieme, brevemente, quanto accaduto. Analizziamo, in maniera obiettiva, i comportamenti conclusivi adottati dall'Unione europea per fronteggiare la pandemia. Decretiamo, poi, se l'Unione sia davvero un ordinamento destinato alla mera autogestione.

La pandemia da COVID-19 è stata la più grande pandemia, su scala globale, dall'influenza spagnola del 1918. È stata una tragedia umana di proporzioni bibliche, paragonabile solamente ad un conflitto bellico, che, in tutto il mondo ha causato poco meno di 5 milioni di decessi. Un virus pericoloso, soprattutto per la fascia di persone più anziane; un virus capace di trasmettersi attraverso l'aria per tutto il pianeta; un virus capace di mutare la propria forma, sviluppando una diversa serie di varianti, via via più resistenti o aggressive. Le autorità statali di tutto il mondo, per tutelare la salute dei propri cittadini, hanno dovuto imporre stringenti e inedite misure di prevenzione, le quali hanno rivoluzionato le condizioni dell'esistenza individuale e sociale delle persone. Al di là del tragico aspetto sanitario e sociale, la pandemia da COVID-19 ha avuto impressionanti conseguenze anche sul piano politico ed economico. Come si ricorderà, le misure adottate per contenere la diffusione del virus hanno provocato una paralisi dell'economia: sono state chiuse le attività commerciali, molte fabbriche; è stato istituito un blocco alle frontiere tra le nazioni al fine di contenere picchi di contagi, ospedalizzazioni e decessi. La pandemia e le (necessarie) misure di contenimento hanno causato una spaventosa recessione economica, il crollo generale della domanda e dell'offerta di moltissimi prodotti, la sospensione degli scambi commerciali internazionali, nonché una potenziale esplosione della disoccupazione. Come è facile intuire, tutto ciò ha imposto ai governi e alle autorità pubbliche di tutto il mondo – Unione europea inclusa – di affrontare una sfida economica e sociale senza precedenti.

Non c'era una ricetta per rispondere a tutto ciò. Nessun economista, giurista o politico si era mai trovato in una situazione simile. L'Unione europea era chiamata – subito – a sviluppare politiche innovative mai adottate prima d'ora per ricostruire e rilanciare il tessuto economico e sociale europeo. Tenuto conto della forte "influenza" esercitata dagli Stati membri in seno alle istituzioni dell'Ue – Stati che, vittima delle proprie tensioni interne, erano inclini a cercare di risolvere da sé i propri problemi – tutto ciò poteva condurre al disgregamento del sogno europeo. Infatti, e giustamente, gli Stati nazionali hanno bloccato i licenziamenti, hanno esteso le casse integrazioni per i lavoratori, hanno introdotto misure a sostegno della liquidità, hanno rinviato le scadenze tributarie. Tutte misure necessarie che, tuttavia, hanno fatto vertiginosamente impennare il deficit e il debito pubblico. Cosa ha fatto l'Unione europea "matrigna"? Cosa ha fatto la spregevole Unione europea? Si è collocata al fianco degli Stati membri e li ha sostenuti. In particolare, ha:

- sospeso le restrizioni sugli "aiuti di Stato", concedendo un più ampio margine di manovra agli Stati membri per sostenere le imprese e i lavoratori in difficoltà;

- attivato la clausola di emergenza del Patto di Stabilità e Crescita, sospendendo l'operatività delle regole fiscali europee;

- attivato il Fondo europeo di solidarietà, al fine di finanziare tempestivamente gli Stati più colpiti dalla pandemia;

- raccolto, tramite la BEI, circa 40 miliardi di euro per sostenere le piccole e medie imprese europee.

Ma non è tutto. Per rilanciare l'economia degli Stati membri, il Consiglio europeo, seppur dopo numerosi e complessi negoziati, ha preso una decisione storica: adottare strumenti di debito comune, emesso dalla Commissione europea, per raccogliere finanziamenti sui mercati finanziari, alle stesse condizioni e con gli stessi benefici per tutti gli Stati membri.

Senza soffermarci sui tecnicismi, questa decisione ha realmente una portata storica per l'Unione europea. Il Consiglio europeo, di norma terreno di scontri ideologici e di interessi nazionalistici, decide, all'unanimità, di consentire alla Commissione europea di indebitarsi a nome dell'Unione europea, al fine di sostenere gli Stati membri e le imprese con ingenti sussidi e prestiti. È l'origine del celebre Piano per la "ricostruzione", battezzato "*Next Generation Eu*" (il "NGEU"): uno strumento finanziario che si affianca al bilancio europeo per gli anni 2021-2027.

Per comprendere l'importanza di NGEU, occorre soffermarci su due diversi aspetti: uno di "metodo" e un altro di "merito". Con riferimento al metodo: l'idea alla base del NGEU, ovverosia quella di finanziarsi mediante debito comune – da ripagarsi dopo il 2028 ed entro il 2058 – è un'idea che ribalta completamente le logiche di "austerità" che hanno spesso contraddistinto l'operato delle istituzioni europee. La Commissione europea, la BCE e anche la Corte di Giustizia dell'Unione, infatti, hanno un tratto che li contraddistingue: operano sempre con cautela e prudenza; cercano sempre di mantenere "ordine" laddove sia necessario; agiscono sempre con il fine di "prevedere" gli imprevisti. Non è un caso se i cosiddetti "parametri di Maastricht" – vigilati da Commissione e BCE – sono diventati un vero e proprio incubo per gli Stati membri con un alto debito pubblico, in quanto non sono riusciti a ottenere margini di flessibilità in materia di finanziamenti. Ebbene, il *Next Generation UE* ribalta totalmente questa impostazione. Se alcuni Stati non sono capaci di ottenere prestiti, in quanto troppo indebitati e considerati meno capaci di adempiere ai propri obblighi finanziari, quale metodo migliore per ottenere tali prestiti, se non porre a garanzia la solidità finanziaria di un intero sistema di Stati? Questo è il metodo vincente di NGEU. Un metodo che ha, o meglio, aveva, una sola controindicazione: la volontà politica degli Stati economicamente più autosufficienti. Perché mai uno Stato come la Germania avrebbe dovuto indebitarsi per l'Italia, ai suoi occhi inaffidabile sotto il punto di vista finanziario? Perché mai Austria, Danimarca, Olanda e Svezia – i "quattro frugali" – avrebbero dovuto indebitarsi per tutelare gli interessi di Grecia e Spagna? Beh, la risposta è perché l'Unione europea è un ordinamento straordinariamente virtuoso, che conviene a tutti. Ma il suo valore è espresso al meglio solo se riesce a essere solidale ed equa con chi ne fa parte. Un'Unione europea frammentata è un'Unione europea debole, meno competitiva e meno resiliente. E questo in Europa lo hanno capito tutti, anche gli Stati che culturalmente sono a meno agio con i valori Ue.

Certo, non è stato facile. Le negoziazioni che hanno portato al *Next Generation Ue* sono state lunghe, complesse, piene di alti e bassi. Da tempo, Ungheria e Polonia – i "Paesi del Visegrad" – sono in rotta di collisione con le istituzioni europee. Perché? Perché a detta delle istituzioni europee i governi ungherese e polacco hanno subito una "virata" illiberale, per così dire, contraria ai princìpi fondativi dell'Unione. Ovviamente, la risposta di questi Paesi non poteva che essere una: bocciare il *Next Generation UE*, bocciare le sue condizionalità, bocciare ogni approvazione di qualsivoglia regolamento. Eppure, come un martello, in Consiglio europeo si è spinto ostinatamente per trovare una soluzione di compromesso. E infine la realtà, più forte di ogni convinzione, ha vinto. Alla fine, a vincere in questa vicenda è stata la lungimiranza della politica, la quale è riuscita a mettere da parte i velleitari bisogni nazionalistici, per abbracciare una visione più consapevole delle sfide del futuro dell'Unione. Con l'approvazione del *Next Generation Ue* l'Ue ha adottato un modello di sviluppo alternativo che si basa su un principio di responsabilizzazione collettiva, della serie: *tutti ci indebitiamo, ottenendo finanziamenti a condizioni ottimali. E ci indebitiamo con cognizione di causa: i soldi raccolti li destiniamo in maniera tale da dotare l'Unione di un'autonomia strategica.*

Nel merito. Il Piano NGEU rappresenta un cambio di paradigma del funzionamento dell'Unione europea, che spinge l'architettura delle regole economiche in una direzione che è tipica dei sistemi fiscali federali. Inoltre, a conti fatti, i finanziamenti raccolti dalla Commissione europea sono decisamente cospicui: quasi 800 miliardi di euro (a prezzo corrente). Questa cifra, che mai avrebbe potuto essere raccolta senza l'indebitamento comune, va a sommarsi ad un quadro finanziario pluriennale (ovverosia, il bilancio dell'Unione di lungo periodo) di circa 1.200 miliardi. A conti fatti, insomma, l'Unione europea, per gli anni 2021-2027, ha messo a disposizione degli Stati membri circa 2.000 miliardi di euro. Inoltre, NGUE non ha il solo merito di essere riuscito a raccogliere così tanti soldi a condizioni ottimali, bensì ha ulteriori due meriti eccezionali:

1. aver subalternato l'ottenimento dei finanziamenti a un rigido programma di riforme da attuare, ovverosia un cronoprogramma di obiettivi politici da implementare (obiettivi di politica industriale, riforma della giustizia, innovazioni nella pubblica amministrazione, etc);

2. aver destinato gran parte dei finanziamenti agli investimenti per il contrasto al cambiamento climatico (il 40%), per la digitalizzazione e l'innovazione (27%), nonché per la coesione sociale e la salute (20% circa).

Con riferimento agli investimenti nella "green economy", NGUE consentirà l'esecuzione di investimenti per migliore la gestione dei rifiuti; per rinnovare il trasporto pubblico locale; per incrementare l'efficienza energetica degli edifici; per lanciare lo sviluppo nelle rinnovabili; per sostenere la filiera dell'idrogeno; nonché per rafforzare le infrastrutture idriche per ridurre il dissesto idrogeologico. Non solo: per quanto concerne la digitalizzazione e l'innovazione, NGUE consentirà massicci investimenti per migliorare la protezione dai rischi di cybersicurezza, per la cablatura nelle scuole, per il rafforzamento delle infrastrutture digitali della pubblica amministrazione, nonché per la fornitura della banda ultra-larga in tutto il territorio europeo. E ancora, sotto il profilo dell'inclusione, coesione e della salute, il *Next Generation UE* concederà finanziamenti per costruire nuovi asili nido; nuove scuole per l'infanzia; risanare edifici scolastici fatiscenti; investire sulla formazione dei docenti; riformare l'ordinamento universitario; rafforzare la prevenzione sanitaria migliorare l'infrastruttura tecnologica ospedaliera.

Come si diceva, NGEU è il Piano di ripresa del metodo e del merito. Spero, adesso, questo sia chiaro. Soprattutto a chi sostiene l'Unione non sia un ordinamento internazionale particolarmente carismatico. Ci sono aspetti da migliorare? Sicuramente. L'Ue può lavorare ancora per ottimizzare le sue funzioni e il suo assetto? Certamente. E ne parleremo più avanti. Ma non si dica che l'Unione non abbia fatto passi in avanti, perché il tempo dei giochi è finito e l'Ue ha maturato questa consapevolezza. Nessuno durante la pandemia da Covid-19 aveva una ricetta valida per uscirne fuori. E l'austerità bussava alla finestra di ogni Stato membro. Eppure, l'Unione ha trovato un modo ambizioso per rispondere alla crisi e ha colto l'occasione per rilanciare con forza le economie dei singoli Paesi, rimuovendo gli ostacoli allo sviluppo dei loro rispettivi apparati strutturali. In conclusione, le misure adottate dalle istituzioni europee per affrontare la crisi sanitaria ed economica causata dal Covid-19 costituiscono un punto di svolta nel processo di integrazione europea.

Adesso la palla sta ai singoli Stati membri. Riuscire a concretizzare le riforme, a implementare i progetti infrastrutturali e a concretizzare i rispettivi piani "nazionali" di ripresa rappresenta l'unico modo per sancire il successo di questa grande operazione. Se i Paesi europei vinceranno questa scommessa sarà un momento epico per la Storia europea: il *Next Generation UE* non rappresenterà una missione *una tantum*, ma potrebbe diventare un metodo operativo da ripetere più volte nel corso dei decenni. E si aprirebbero scenari inediti per l'Unione europea e il suo ruolo nel mondo.

CAPITOLO 5

PERCHÉ ANDARE A VOTARE

Nei precedenti capitoli abbiamo approfondito numerosi aspetti dell'Unione europea. Abbiamo ripercorso le principali tappe storiche, analizzato il funzionamento della macchina europea ed esaminato una ad una le fondamentali istituzioni che compongono l'Unione. La mole di informazioni che abbiamo esaminato è enorme, ne sono consapevole. Nel presente capitolo, metteremo da parte gli approfondimenti tecnici e faremo spazio ad alcune riflessioni politiche, utili per comprendere le dinamiche di queste elezioni europee. In particolare, faremo due ulteriori passaggi:

1. approfondiremo quali sono i gruppi politici europei in seno al Parlamento Ue, quali sono i loro valori e, infine, vedremo come i partiti italiani si schierano in Europa;

2. razionalizzeremo le informazioni acquisite nei capitoli secondo, terzo e quarto, al fine di comprendere perché è importante andare a votare l'8 e il 9 giugno.

Procediamo.

5.1. I gruppi politici europei e la collocazione dei partiti italiani

Come si diceva nel capitolo terzo, con particolare riguardo al Parlamento europeo, i partiti politici italiani devono, in un certo senso, "entrare" in una famiglia politica europea. L'ordinamento europeo, infatti, ispirato al principio di democraticità sancito all'interno dei Trattati, prevede che nel Parlamento europeo possano esistere i più variegati gruppi politici, ispirati alle tradizioni politiche più diverse e antiche, nonché, per assurdo, gruppi politici "euroscettici". La funzione di un'opposizione euroscettica, in particolare, è anche un fattore positivo nella misura in cui mette in evidenza una certa quota di errori che, in maniera fisiologica, possono essere commessi, per autoreferenzialità e non solo, dai gruppi totalmente europeisti; inoltre, un gruppo più critico nei confronti dell'Unione può essere virtuoso e "utile" nella misura in cui riesca a portare maggior equilibrio nelle valutazioni opposte di un fenomeno, oltre che per denunciare asimmetrie e prevaricazioni, stimolando, infine, il controllo sull'operato degli organismi tecnici. Ciò, tuttavia, non deve lasciar intendere che un gruppo euroscettico debba allora acquisire un importante potere in seno al Parlamento Ue ed essere lasciato libero, quindi, di fare ciò che vuole in Assemblea: al contrario, l'opposizione euroscettica non deve mai rappresentare un blocco per i partiti europeisti. Ciò, qualora accadesse, farebbe conseguire il disgregamento del potere dell'Unione e, di fatto, comporterebbe la scomparsa sul piano internazionale dell'influenza europea, a vantaggio delle altre grandi potenze di cui parleremo successivamente.

Con specifico riferimento alla composizione politica del Parlamento europeo, a seguito delle ultime elezioni europee svoltesi nel giugno 2019, il Parlamento europeo presenta i seguenti otto gruppi politici:

- "Partito popolare europeo" (il "PPE");
- "Alleanza progressista di Socialisti e Democratici" ("S&D");
- "Renew Europe" ("RE");
- "Verdi/Alleanza liberale europea" ("Verdi/ALE");
- "Conservatori e riformisti europei" ("ECR");
- "Identità e Democrazia" ("ID");
- "Sinistra al Parlamento Ue" ("GUE/NGL");
- "Non iscritti" ("NI").

In particolare, allo stato attuale, i gruppi politici più numerosi in Ue sono il Partito popolare europeo (n. 178 seggi) e l'Alleanza progressista dei Socialisti e dei Democratici (n. 140 seggi). Seguono, poi, il gruppo Renew Europe (n. 102 seggi); Verdi/ALE (n. 71 seggi); il gruppo dei Conservatori e Riformisti europei (n. 68 seggi); Identità e Democrazia (n. 59 seggi); i Non iscritti (n. 49 seggi); infine, Sinistra al Parlamento europeo, (n. 37 seggi). L'immagine che segue rappresenta con accuratezza il quadro politico che vi ho appena rappresentato.

Parlamento uscente (da marzo 2024)

Unione europea

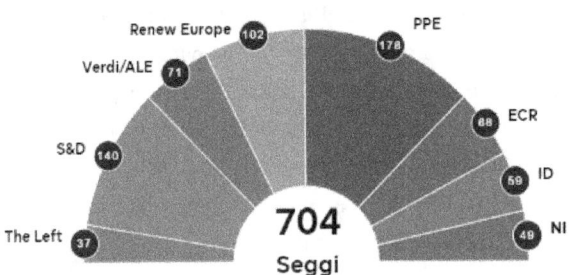

Gruppi politici	Numero di seggi
PPE - Gruppo del Partito popolare europeo (Democratici cristiani)	178
S&D - Gruppo dell'Alleanza progressista di Socialisti e Democratici al Parlamento Europeo	140
Renew Europe - Gruppo Renew Europe	102
Verdi/ALE - Gruppo dei Verdi/Alleanza libera europea	71
ECR - Gruppo dei Conservatori e Riformisti europei	68
ID - Gruppo Identità e Democrazia	59
The Left - Il gruppo della Sinistra al Parlamento europeo - GUE/NGL	37
NI - Non iscritti	49

Come potete osservare, a conti fatti, la parte del leone la fanno i due gruppi politici maggiormente rappresentati, ovverosia: il Partito popolare europeo, che riunisce, come vedremo, i partiti di "centrodestra"; e il partito del socialismo europeo, S&D, che riunisce partiti progressisti e riformatori nell'area del "centrosinistra". In particolare, sin da quando è eletto direttamente dai cittadini, ossia dal 1979, il Parlamento europeo ha sempre espresso un equilibrio di forze molto stabile che ha visto protagonisti proprio il PPE e S&D. Pensare, tuttavia, che tale equilibrio, tale bipolarismo, possa rimanere immutabile nel corso dei decenni è un grave errore: questo schema di intese politiche non è, per forza di cose, eterno, e, ad ogni modo, altri gruppi possono accrescere la loro influenza sino a rappresentare una resistenza considerevole.

Analizziamo, di seguito, i valori politici ed economici che contraddistinguono le principali famiglie europee poc'anzi evidenziate.

a. ## Il Partito Popolare Europeo (PPE)

Composizione politica

Il Partito Popolare Europeo (PPE) è la più numerosa famiglia politiche nel Parlamento europeo. È un'organizzazione che unisce i partiti di centro-destra provenienti dagli Stati membri.

Aspetti valoriali

Il PPE è un gruppo convintamente democratico, strenuo difensore del rispetto dei diritti umani e dello stato di diritto, quali pilastri fondamentali dell'Unione Europea. Molti partiti al suo interno sono radicati nei valori cristiani e conservatori, anche se c'è spazio per diverse altre opinioni politiche all'interno dell'organizzazione.

Aspetti economici

Per quanto riguarda l'aspetto economico, è un gruppo politico sostenitore dell'economia di mercato sociale, finalizzata mettere insieme la libera impresa con l'attenzione alla coesione sociale e alla sostenibilità economica, parti integranti della costruzione europea.

Europeismo

È un gruppo politico fortemente impegnato nel progetto europeo, alle volte promotore di riforme volte a migliorare il funzionamento delle istituzioni dell'UE (sebbene possa differire su alcuni dettagli specifici riguardanti la governance e le politiche dell'Unione). Inoltre, il PPE è impegnato nel mantenimento e nello sviluppo di relazioni internazionali solide e nel sostenere il ruolo dell'Europa nel contesto globale.

Quale partito italiano fa parte del PPE

Dopo le elezioni del 2019, a aderire al PPE sono stati i partiti Forza Italia e il Partito popolare sudtirolese, che elessero, rispettivamente 6 eurodeputati e n. 1 eurodeputato. Durante la legislatura, tuttavia, lo scenario è mutato e il PPE è stato in grado di attrarre altre forze politiche. A fine legislatura, consta di n. 12 parlamentari, così suddivisi: Forza Italia (10), Partito popolare sudtirolese (1), Indipendenti (1).

b. ALLEANZA PROGRESSISTA DI SOCIALISTI E DEMOCRATICI (S&D)

Composizione politica

Alleanza progressista di Socialisti e Democratici (S&D) è il secondo gruppo politico, in termini di rilevanza, nel Parlamento europeo. È un'organizzazione che unisce i partiti di centro-sinistra provenienti dagli Stati membri.

Aspetti valoriali

S&D è un gruppo convintamente democratico, particolarmente vicino agli ideali della giustizia sociale, della ridistribuzione delle risorse e della protezione dei diritti dei lavoratori. I S&D sottolineano l'importanza della solidarietà tra gli Stati membri dell'UE e la necessità di sostenere coloro che sono più vulnerabili, inclusi i rifugiati e i migranti.

Aspetti economici

I S&D si impegnano per costruire un'economia sostenibile, con una particolare attenzione alla protezione dell'ambiente e al contrasto al cambiamento climatico. Inoltre, lavorano per garantire condizioni di lavoro dignitose, salari equi e protezione sociale per tutti i cittadini europei.

Europeismo

I S&D sostengono l'integrazione europea e lavorano per rafforzare le istituzioni dell'Unione (sebbene possano avere opinioni diverse sulle modalità specifiche di integrazione). In particolare, spesso cercano di promuovere riforme progressiste per affrontare le sfide socioeconomiche e ambientali dell'UE. Altresì, sono impegnati a livello internazionale nel promuovere la pace, i diritti umani e la cooperazione globale.

Quale partito italiano fa parte dei S&D

Dopo le elezioni del 2019, a aderire ai S&D è stato il Partito Democratico, che elesse n. 19 eurodeputati. Durante la legislatura, tuttavia, lo scenario è mutato e i S&D hanno peggiorato la propria forza politica: a fine legislatura, constano di n. 16 parlamentari, così suddivisi: Partito Democratico (15), Indipendenti (1).

c. **RENEW EUROPE (RE)**

Composizione politica

Renew Europe (RE) è il terzo gruppo politico, in termini di rilevanza, in Europa. È un gruppo relativamente "nuovo" nel panorama europeo, in quanto fondato nel 2019, anche se precedentemente era noto come "Alleanza dei Liberali e dei Democratici Europei" (ALDE). È un'organizzazione che unisce i partiti di centro.

Aspetti valoriali

Renew Europe è un gruppo politico che promuove valori del socialismo liberale, tra cui la libertà individuale (i diritti LGBTQ+, i diritti delle minoranze e la parità di genere), i diritti civili, l'economia di mercato e l'apertura sociale. Inoltre, è un gruppo molto riformista e progressista, sostenitore di riforme innovative e progressiste per affrontare le sfide emergenti e migliorare il funzionamento dell'Unione a partire dai Trattati.

Aspetti economici

Renew Europe si concentra sull'innovazione, sulla tecnologia e sull'imprenditorialità come motori della crescita economica e del progresso sociale. Si impegna, altresì, per la tutela dell'ambiente e per affrontare le sfide legate al cambiamento climatico attraverso politiche di sostenibilità.

Europeismo

Renew Europe è un gruppo molto favorevole all'Unione Europea e lavora per rilanciare le istituzioni europee, con lo scopo di realizzare gli "Stati Uniti d'Europa". Per questo, promuove riforme innovative per avere un'Unione più forte e indipendente. Inoltre, promuove la cooperazione internazionale e sostiene una visione del mondo aperta e inclusiva.

Quale partito italiano fa parte di RE

Renew Europe è nato dopo le elezioni del 2019. Sebbene sia il terzo gruppo più rilevante in Ue, in Italia consta di n. 4 parlamentari, così suddivisi: Azione (2), Italia Viva (1), Indipendenti (1).

d. **"Verdi/Alleanza Liberale Europea" (Verdi/ALE)**

Composizione politica
I Verdi/ALE riuniscono partiti politici che possono avere una varietà di sensibilità politiche, ma che generalmente condividono un solido impegno per le questioni relative all'ambiente, alla sostenibilità, oltre che ai diritti civili e alla promozione della democrazia.
Aspetti valoriali
I Verdi/ALE sono un gruppo che, sovente, è all'avanguardia nel promuovere politiche ambientali progressiste, la lotta contro il cambiamento climatico, la tutela della biodiversità e la transizione verso un'economia circolare. Inoltre, difende i diritti delle minoranze, la parità di genere e i principi di democrazia partecipativa.
Aspetti economici
Il gruppo Verdi/ALE sostiene politiche che integrano la sostenibilità ambientale con la crescita economica. Sono promotori di investimenti nelle energie rinnovabili, nell'efficienza energetica, nelle tecnologie pulite e nell'innovazione verde. Tuttavia, ciò non significa comporta un'adesione *tout court* a un'ideologia economica specifica come il capitalismo o il socialismo: Verdi/ALE cerca di equilibrare le esigenze ambientali con quelle economiche.
Europeismo
Verdi/ALE è generalmente europeista e sostiene un'Ue forte e integrata. Tuttavia, il suo approccio differisce da quello di altri gruppi politici europei: a esempio, mette maggiormente in risalto l'importanza della sussidiarietà, il rispetto delle identità regionali e culturali all'interno dell'Ue, nonché la decentralizzazione del potere politico. Ciò non significa necessariamente avere un atteggiamento antieuropeista; piuttosto delinea una visione europeista che tiene conto delle diversità regionali.
Quale partito italiano fa parte di Verdi/ALE
Prima delle elezioni del 2019 nessun partito aveva aderito ai Verdi/ALE. Durante l'ultima legislatura, tuttavia, questo gruppo ha acquisito n. 3 parlamentari europei che hanno abbandonato i gruppi di provenienza.

e. **"Conservatori e Riformisti Europei" (ECR)**

Composizione politica
I Conservatori e Riformisti Europei (ECR) riuniscono partiti politici di orientamento conservatore, sovranista e riformista.

Aspetti valoriali
Il gruppo ECR riflette un approccio conservatore alle questioni sociali e culturali (a es. sostegno alla tradizione, alla famiglia e ai valori nazionali). Tuttavia, l'ECR comprende anche partiti riformisti che si focalizzano sulla riforma delle istituzioni. In termini di politiche non economiche, l'ECR mostra propensione verso la protezione della sovranità nazionale e il rafforzamento dei confini nazionali.

Aspetti economici
Il gruppo ECR solitamente sostiene politiche economiche di libero mercato, con un'enfasi sulla riduzione della regolamentazione e sull'incentivazione dell'imprenditorialità. Tuttavia, ci possono essere differenze all'interno del gruppo riguardo ai livelli di intervento statale nell'economia, con alcuni partiti che preferiscono una maggiore regolamentazione in determinati settori e altri che favoriscono politiche economiche più liberali.

Europeismo
L'ECR è generalmente considerato un gruppo politico euroscettico, con una visione critica dell'attuale processo di integrazione europea. Mentre alcuni partiti all'interno dell'ECR potrebbero sostenere un'Unione Europea più limitata, concentrata su questioni specifiche come il mercato unico o la cooperazione intergovernativa, altri possono addirittura auspicare una riduzione del ruolo dell'Ue e una maggiore autonomia degli Stati membri. Tuttavia, è importante notare che ci sono sfumature di opinioni all'interno dell'ECR e non tutti i partiti del gruppo sono necessariamente antieuropeisti in senso assoluto.

Quale partito italiano fa parte dei ECR
Dopo il 2019, a aderire all'ECR è stato Fratelli d'Italia, che elesse n. 5 eurodeputati. Durante la legislatura l'ECR ha raddoppiato i suoi parlamentari europei (oggi consta di n. 10 parlamentari, tutti di Fratelli d'Italia.

f. "IDENTITÀ E DEMOCRAZIA" (ID)

Composizione politica

Il gruppo politico Identità e Democrazia (ID) riunisce partiti politici di orientamento sovranista e nazionalista, caratterizzati da una comunicazione e un metodo politico populista.

Aspetti valoriali

Il gruppo ID riflette in generale un'ideologia nazionalista e sovranista, che mette in primo piano l'importanza dell'identità nazionale, della cultura e della tradizione. I partiti che lo compongono sono molto critici nei confronti delle istituzioni europee, percepite come troppo centralizzate e lontane dai cittadini. Al tempo stesso, sostengono politiche che mirano a rafforzare il controllo nazionale sull'immigrazione, la sicurezza e altri settori considerati cruciali per la sovranità nazionale.

Aspetti economici

Dal punto di vista economico, il gruppo ID evidenzia posizioni eterogenee. La maggior parte dei partiti sostiene politiche economiche di stampo nazionalista e protezionista; altri, in minore misura, adottano posizioni libero mercato. In generale, gli aspetti valoriali economici all'interno di ID ruotano attorno alla difesa dell'industria nazionale, al controllo dell'immigrazione "economica" e alla promozione del lavoro nazionale.

Europeismo

Il gruppo ID è ampiamente considerato un gruppo politico euroscettico, se non apertamente antieuropeista. I partiti all'interno di ID promuovono una visione di un'Unione più limitata, focalizzata sul principio di sussidiarietà e con minori competenze. Alcuni partiti hanno sostenuto, e sostengono, l'uscita dall'Ue o la rinegoziazione dei Trattati europei per riaffermare il controllo nazionale su questioni politiche, economiche e di sicurezza.

Quale partito italiano fa parte di ID

Dopo le elezioni del 2019, a aderire a ID è stata la Lega, che elesse n. 28 eurodeputati. Durante la legislatura, tuttavia, lo scenario è mutato. I parlamentari europei italiani di ID sono diminuiti a n. 23 (tutti Lega). I 5 eurodeputati sono trasmigrati in ECR.

g. "SINISTRA AL PARLAMENTO UE" (GUE/NGL)

Composizione politica

Il gruppo GUE/NGL riunisce partiti politici di sinistra, progressisti ed ecologisti provenienti da vari paesi europei.

Aspetti valoriali

Gli aspetti valoriali del gruppo GUE/NGL si incentrano sulla giustizia sociale, i diritti dei lavoratori, i diritti umani e la democrazia partecipativa. Il gruppo è promotore di politiche che mirano a ridurre le disuguaglianze economiche, a proteggere i diritti dei gruppi marginalizzati e a garantire l'accesso universale ai servizi pubblici. Inoltre, il gruppo GUE/NGL è impegnato nella promozione della pace, della solidarietà internazionale e della cooperazione tra i popoli.

Aspetti economici

Il gruppo GUE/NGL adotta una posizione critica nei confronti del capitalismo e del libero mercato e favorisce un maggiore intervento dello Stato nell'economia. Si prefigge di distribuire più equamente la ricchezza e di fornire maggiore protezione sociale. Inoltre, sostiene politiche di welfare state, il rafforzamento dei diritti dei lavoratori, la nazionalizzazione di settori chiave dell'economia e la promozione di politiche di sviluppo sostenibile.

Europeismo

Il gruppo GUE/NGL è generalmente considerato un gruppo politico europeista, anche se con sfumature di criticità nei confronti delle politiche economiche neoliberiste e dell'attuale struttura istituzionale dell'Unione europea. Alcuni partiti al suo interno sono più critici rispetto ad altri riguardo all'attuale modello di integrazione europea; tuttavia, il gruppo, nel complesso, sostiene l'idea di un'Europa più solidale, democratica attenta alle esigenze dei cittadini.

Quale partito italiano fa parte di GUE/NGL

Nessun partito italiano ha aderito, nel 2019, al gruppo GUE/NGL. Pertanto, dopo le elezioni del 2019, non sono stati eletti eurodeputati italiani in questo gruppo. Durante la legislatura nessun parlamentare europeo si è trasferito in questo gruppo.

h. I "NON ISCRITTI" (NI)

Composizione politica

Il gruppo politico dei "Non Iscritti" (NI) comprende deputati europei provenienti da partiti politici nazionali che non vogliono o non possono far parte di alcun gruppo politico all'interno del Parlamento Europeo. Questi deputati possono provenire da qualsiasi fazione politica.

Aspetti valoriali

Gli aspetti valoriali dei deputati non iscritti possono variare considerevolmente, poiché rappresentano, di legislatura in legislatura, una vasta gamma di posizioni politiche. Tuttavia, alcuni temi comuni rappresentano, spesso, la sovranità nazionale, la democrazia diretta, la lotta all'immigrazione illegale e la critica alle istituzioni europee.

Aspetti economici

Gli aspetti valoriali economici dei deputati non iscritti sono diversificati per lo stesso ragionamento di cui sopra: di legislatura in legislatura, sono rappresentate una vasta gamma di posizioni politiche diversificate (politiche economiche di stampo più liberista; oppure la deregolamentazione e la riduzione delle tasse; oppure politiche economiche di orientamento più sociale; etc.

Europeismo

In generale, il gruppo dei "Non Iscritti" rappresenta una variegata miscela di opinioni politiche e posizioni anche rispetto all'europeismo e agli altri temi politici collegati. Infatti, il collocamento politico dei deputati non iscritti rispetto all'Europa può essere fortemente euroscettico, più neutrale o ambiguo, oppure più a sostegno di un'Europa indipendente.

Quale partito italiano fa parte dei NI

Dopo le elezioni del 2019, a aderire ai Non iscritti è stato il Movimento 5 Stelle, che elesse ben n. 14 eurodeputati. Durante la legislatura, tuttavia, lo scenario è mutato e i deputati tra le fila dei NI sono diminuiti: ad oggi, si annoverano n. 8 eurodeputati, appartenenti, a: Movimento 5 Stelle (5), Partito Democratico (1), Democrazia Cristiana (1) e Indipendenti (1).

Queste brevi schede, purtroppo, non hanno il merito di poter rappresentare con dovizia di particolari le caratteristiche dei singoli gruppi europei; al più, illustrano una rappresentazione simbolica, ridotta all'essenziale, di ciò che principalmente contraddistingue una determinata famiglia europea da un'altra. Ciò che ritengo importante, tuttavia, è che possiate apprendere quello che è stato il trascorso politico europeo dei partiti italiani, per lo meno con riferimento alla legislatura che sta terminando. Apprendere che la Lega sia confluita in Identità e Democrazia; che Fratelli d'Italia si collochi tra i Conservatori e Riformisti europei; o che il Movimento 5 stelle abbia militato tra gli ignavi dei Non Iscritti, è un dato molto interessante che dovrebbe far riflettere. Allo stesso modo, se qualcuno non dovesse guardare con buon occhio all'operato della Commissione europea in uscita – e, dunque, alla *leadership* della Presidente della Commissione Ursula Von Der Leyen – allora potrà riflettere sul fatto che Forza Italia e Partito Democratico, rispettivamente tra le fila del Partito popolare europeo e dell'Alleanza tra socialisti e Democratici, sono stati i principali sostenitori di quella linea politica (in quanto l'attuale governo europeo è retto in buona parte dall'asse politico PPE-S&D). Inoltre, apprendere quale sia stato il collocamento passato dei partiti italiani in Ue, ci consente di leggere con maggiore chiarezza i comportamenti attuali. Per esempio, cinque anni fa Fratelli d'Italia non votò, con i propri parlamentari, la fiducia nei confronti di Ursula von der Leyen. Si posizionò all'opposizione. Oggi, Giorgia Meloni non sembra pensarla allo stesso modo: sorreggere Ursula von der Leyen per un secondo mandato, politicamente parlando, significherebbe avere un trattamento di favore negli anni a venire, la qualcosa evidentemente piace molto al nostro Presidente del Consiglio, che ha davanti a sé ancora diversi anni di governo. Altro esempio: la Lega non fa parte della stessa famiglia europea di Fratelli d'Italia; i leghisti, come si è visto, fanno parte di un gruppo politico ben più euroscettico; per questo,

Lega e Fratelli d'Italia, mentre sono in sintonia su una buona parte delle questioni di politica nazionale, sono maggiormente in difficoltà sul piano europeo: Matteo Salvini prova a demolire la maggioranza Ursula con manifestazioni euroscettiche e pesanti dichiarazioni pubbliche; Giorgia Meloni, al contrario, prova in ogni occasione a mettere una pezza sull'operato del l'alleato di governo. Infine, un'ultima riflessione: furono proprio una manciata di deputati del Movimento 5 Stelle, oggi segnatamente schierati contro il governo di Ursula von der Leyen, a votare la fiducia alla cosiddetta maggioranza Ursula, rendendo possibile, per pochissimi voti, la formazione dell'attuale governo europeo. Insomma: chi non votò la fiducia, oggi sorregge il governo; chi votò la fiducia, poi se n'è lavato le mani serenamente.

Per completezza, vi segnalo, di seguito, la collocazione politica dei partiti italiani in Europa, all'inizio della legislatura (luglio 2019) e al termine della medesima (aggiornamento a marzo 2024).

Sessione costitutiva 02 luglio 2019

Italia

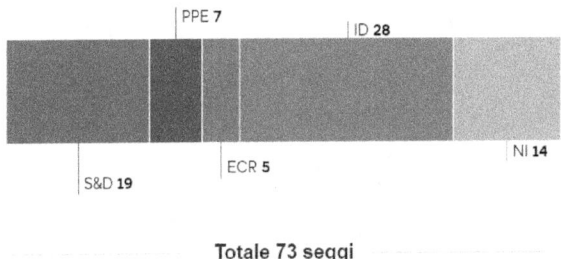

Totale 73 seggi

Figura 1

All'indomani delle scorse elezioni europee (figura 1) l'Italia ottenne n. 73 seggi, che furono così assegnati:

- n. 28 a Identità e Democrazia, tutti per la Lega;

- n. 19 all'Alleanza dei Socialisti e Democratici, tutti per il Partito Democratico;

- n. 14 ai Non iscritti, tutti per il Movimento 5 Stelle;

- n. 7 al Partito popolare europeo, di cui n. 6 seggi per Forza Italia;

- n. 5 ai Conservatori e Riformisti europei, tutti per Fratelli d'Italia.

Parlamento uscente (da marzo 2024)

Italia

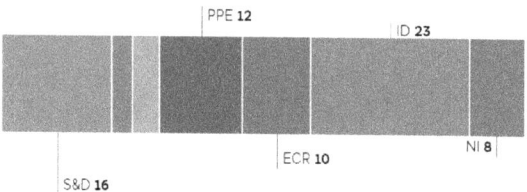

Totale 76 seggi

Figura 2

Durante la legislatura (2019-2024) si sono verificati dei "cambi di casacca". I seggi (figura 2), aumentati a n. 76 per via dell'uscita del Regno Unito dall'Ue, sono, alla fine dell'attuale legislatura, così ripartiti:

- n. 23 a Identità e Democrazia, tutti per la Lega (-5);

- n. 16 all'Alleanza dei Socialisti e Democratici, di cui n. 15 per il Partito Democratico (-3);

- n. 8 ai Non iscritti, di cui n. 5 per il Movimento 5 Stelle (-6);

- n. 12 al Partito popolare europeo, di cui n. 10 seggi per Forza Italia (+5);

- n. 10 ai Conservatori e Riformisti europei, tutti per Fratelli d'Italia (+5).

- n. 4 a Renew Europe, di cui n. 2 per Azione e n. 1 per Italia viva (rispettivamente, +4);

- n. 3 ai Verdi/ALE (+3).

5.2. Le implicazioni del voto per il Parlamento europeo

Chi pensa che il voto per il Parlamento europeo sia un voto "ininfluente", e chi pensa che votare per il Parlamento europeo si traduca unicamente nell'istituire la nuova composizione di un'Istituzione, dovrebbe informarsi meglio al riguardo. Nel capitolo terzo, quando si è approfondita la governance dell'Unione europea, ci si è accorti, infatti, di quanto le istituzioni europee siano interconnesse tra loro. Potrei farvi tantissimi esempi, a partire dalla citata procedura legislativa ordinaria, in cui le istituzioni del triangolo decisionale operano in sincronia, ascoltandosi vicendevolmente; sino all'*iter* di formazione della Commissione europea, che vede protagonista tanto il Consiglio europeo, quanto il Parlamento europeo. Il punto della questione è il seguente: il voto per il Parlamento europeo ha implicazioni rilevanti; la diversa composizione politica del Parlamento europeo comporta, a cascata, tutta una serie di conseguenze politiche che, infine, ineludibilmente, impattano sulla nostra vita. Pertanto, in questo paragrafo segnalerò quali sono le maggiori implicazioni che conseguono al voto per il Parlamento europeo.

1. I rapporti con il Consiglio dell'Unione. Il rapporto tra il Consiglio dell'Unione e il Parlamento europeo è strettissimo, e le loro funzioni sono intrinsecamente connesse. Il Consiglio dell'Unione è l'istituzione che rappresenta le istanze dei governi degli Stati membri; il Parlamento, invece, è la "Camera" dei cittadini. Sono istituzioni che rappresentano due lati della stessa medaglia e, non a caso, nella procedura legislativa ordinaria, operano in un rapporto propositivo e conflittuale allo stesso tempo. Ognuna delle due istituzioni può bloccare l'altra: il Consiglio dell'Unione può tirare la corda verso sé e verso gli interessi dei governi nazionali; il Parlamento europeo, invece, compie

l'operazione più politica e di mediazione, avendo come bussola il benessere dei cittadini dell'Unione intera. Avere un Parlamento europeo che esprime sensibilità più europeiste e maggiormente disposte a innovazione la governance o modificare i Trattati vuol dire – davvero – avere una chance di cambiare qualcosa. Al contrario, avere un Parlamento meno europeista vuol dire fare un *assist* agli Stati-nazione, i quali per troppo tempo hanno tentennato sull'opportunità di rendere l'Unione europeo un ordinamento politicamente unito.

2. I rapporti con la Commissione europea. Si è detto che tra il Parlamento europeo e la Commissione vi è un rapporto, in un certo senso, di natura fiduciaria. Il Parlamento europeo, infatti: (i) esamina la candidatura ed esprime un parere su ogni commissario europeo; (ii) vota la fiducia alla Commissione intera; (iii) elegge il Presidente della Commissione – la figura più importante e potente dell'intero governo europeo – che sì, è individuata dal Consiglio europeo, ma tale indicazione deve necessariamente tenere conto del risultato delle elezioni del Parlamento europeo (che ha il potere, infatti, di dare o meno la fiducia alla Commissione). Questo significa che il Consiglio europeo sarà costretto a individuare un candidato tra una serie di persone che sono esponenti del gruppo politico e della maggioranza politica votato di più durante le elezioni. In termini semplicissimi: le sensibilità politiche del Presidente della Commissione; gli obiettivi che questo deciderà di perseguire; l'agenda e le deleghe che fisserà per tutti i Commissari; il "quanto", il "come" e il "in che cosa" spendere; tutto ciò si baserà su quale saranno i gruppi politici più votati il giorno dopo le elezioni. Se, per esempio, all'indomani del voto, Identità e Democrazia, i Conservatori

e Riformisti europei e i Non iscritti riuscissero ad avere la maggioranza dei seggi, nel giro di cinque anni tirerebbe un'altra aria. Altro che Stati Uniti d'Europa. Si tornerebbe all'Europa degli *staterelli* che curano il loro orticello. Se invece, la maggioranza parlamentare dovesse essere tenuta salda nelle mani dei gruppi politici europeisti, allora avremmo molte più garanzie di riuscire a fare passi in avanti verso una maggiore integrazione europea.

3. I rapporti con il Consiglio europeo. Anche se in termini procedurali il Parlamento europeo non ha poteri "diretti" nei confronti del Consiglio europeo, i Trattati prevedono che questo possa esercitare, comunque, un considerevole influenza indiretta. In particolare, le riunioni del Consiglio europeo si devono aprire obbligatoriamente con un intervento da parte del Presidente del Parlamento europeo, il quale compie un'esposizione degli indirizzi politici parlamentari relativi agli argomenti all'ordine del giorno. Inoltre, le conclusioni adottate dal Consiglio europeo devono poi essere esposte, con un'apposita relazione, al Parlamento Ue. Della serie: *"Noi parlamentari ti diciamo cosa ne pensiamo con riguardo alla tua agenda. Tu, Consiglio europeo, nel prendere le tue decisioni, stati attento; perché noi andremo a riferire tutto ai cittadini europei"*. Ebbene, siamo sicuri che gli eventuali parlamentari sovranisti non finiranno con il fare da spalla al Consiglio europeo?

4. La produzione normativa. L'asse tra la Commissione europea e il Parlamento Ue rappresenta il vero motore del processo decisionale dell'Ue, al netto del Consiglio dell'Unione. Quest'ultimo ha indubbiamente un forte ruolo nel processo decisionale, ma lo ha soprattutto perché la sua governance interna prevede l'utilizzo dell'unanimità sulle materie più importanti. Se l'utilizzo della maggioranza

qualificata fosse esteso alla maggior parte delle materie oggetto di votazione, allora l'Unione entrerebbe di fatto in una nuova era del suo percorso evolutivo. Ma per debellare, *urbi et orbi*, questo virus dell'unanimità, occorre modificare i Trattati. E a questo riguardo, il sostegno di un Parlamento fortemente europeista rappresenta la base imprescindibile.

5. La difesa degli interessi comuni dell'Ue. Avere una maggioranza di governo sostenuta da gruppi politici europeisti vuol dire poter difendere efficacemente gli interessi comuni dell'Unione Europea quali, tra i tanti: le questioni di politica estera; la sicurezza comune; il libero commercio; la promozione del commercio internazionale; la lotta al cambiamento climatico, e la gestione delle crisi globali. Invece, se si vuole tornare indietro all'età in cui "*si stava meglio quando si stava peggio*", d'accordo, sistemiamoci comodi. Ma a quel punto prepariamoci a diventare il supermercato delle altre potenze continentali.

6. Il potere di controllo. Il Parlamento europeo è l'istituzione che effettua il maggior controllo politico sull'operato delle altre istituzioni. In particolar modo nei confronti del Consiglio dell'Unione e del Consiglio europeo. Queste due istituzioni, infatti, seppur in circostanze diverse, devono ambedue trasmettere, prima o poi, relazioni illustrative al Parlamento europeo. Spero che siamo tutti d'accordo, dunque, che avere un Parlamento nazionale "copia politica" delle istituzioni rappresentative degli interessi degli Stati vuol dire essenzialmente non avere un controllore, bensì un passacarte. E ancora, con riferimento ai poteri di controllo conoscitivo come le interrogazioni e le interpellanze parlamentari: solo un parlamento europeista renderebbe tali strumenti credibili. Diversamente, un parlamento

nazionalista trasformerebbe l'assemblea, per davvero, in un teatrino poco edificante.

7. La politica di bilancio. Prima dell'avvento del Next Generation Ue il bilancio annuale dell'Unione ammontava a circa a 150 miliardi di euro. Una somma importante in termini assoluti, ma deludente in termini relativi. Questa cifra, a ben vedere, rappresentava circa il 1,5% della ricchezza annuale generata da tutti gli Stati membri. Solo l'1,5%. I nostri alleati statunitensi, federazione vera, hanno un bilancio federale che è pari a circa il 25% del PIL dei suoi Stati membri. Non dico, ovviamente, che dobbiamo giocare a fare gli americani; tuttavia, tra l'1,5% ed il 25%, evidentemente, esiste ragionevolmente una via di mezzo e, dunque, il tema di mettere a terra un bilancio degno dell'economia del nostro ordinamento è un argomento serio che merita l'attenzione di un governo federale "fiduciato" da un Parlamento il più europeista possibile.

L'Europa-che-non-c'è deriva dall'impotenza genetica di un progetto fondato sull'Europa intergovernativa. Per questo, istituire un Parlamento europeo "più europeista" è il primo fondamentale passo che noi cittadini dobbiamo compiere.

CONCLUSIONI

QUALE FUTURO PER L'UNIONE EUROPEA

Per troppi anni, le votazioni per l'elezione del Parlamento europeo sono state considerate dai *leader* di partito, dai giornalisti e quindi, a cascata, dai cittadini, come elezioni volte non già a dibattere del futuro dell'Unione europea, bensì a "misurare" la temperatura politica interna al proprio Stato membro, come fossero elezioni di secondo livello. Si tratta di un gravissimo errore. Nei capitoli precedenti ho provato a evidenziarvi il ruolo fondamentale che l'Unione ha svolto nel corso dei decenni e che svolge ogni giorno per l'Italia e gli altri Stati membri. Dare per scontato che il percorso europeo sia immutabile, e che quindi non possa prendere una direzione diversa, è quanto di più sciocco possiamo mai pensare. L'Unione europea è la grande Casa in cui noi tutti viviamo; una casa che va pulita ogni giorno, che talvolta va riorganizzata al proprio interno e che, trascorsi diversi anni, necessita di lavori di ristrutturazione per essere più efficiente. Non prendersi cura della Casa europea vuol dire perdere una buona parte (se non la totalità) di quei princìpi, di quei valori e di quei diritti inalienabili che oggi rappresentano il baluardo dello Stato di diritto occidentale. L'Unione non è una semplice organizzazione di Stati. È un ordinamento. E di questo nostro ordinamento il Parlamento europeo rappresenta l'asse portante. Perdere la dimensione valoriale insita nei Trattati implicherebbe recedere ad una mera organizzazione di Stati il cui fine si risolverebbe nel solo raggiungimento di *questo* o *quell'altro* obiettivo. Sia chiaro: il ruolo di una presenza "sovranista" nel Parlamento europeo è utile, anzi, mi verrebbe da dire quasi indispensabile, dato che le minoranze rappresentano un corpo che arricchisce ineludibilmente gli impianti democratici, evidenziando istanze che altrimenti non sarebbero mai osservate. Tuttavia, la componente sovranista è bene che rimanga arginata nel concetto di opposizione e che mai riesca a rappresentare una minoranza di blocco o, peggio, divenire maggioranza parlamentare. Ciò significherebbe, senza troppi giri di parole, la disgregazione dell'Unione europea così come la conosciamo, facendo seguire la regressione a un'Europa degli "*staterelli*": nient'altro che dei topolini selvatici davanti alle montagne degli Stati-continenti che si trovano altrove nel mondo. Affinché sia possibile costruire un'Unione più forte, solidale e competitiva è necessario che all'indomani dell'Election Day siano le forze politiche più europeiste a prevalere. In queste ultime pagine, mi soffermerò sul ruolo che l'Unione europea dovrebbe avere in futuro. Per farlo, tuttavia, sarà necessario partire un po' alla lontana.

Nel mondo del Dopoguerra, gli equilibri geopolitici si muovevano attorno ad un asse bipolare, rappresentato dalle due uniche grandi potenze in quel momento esistenti: gli Stati Uniti d'America e l'Unione sovietica. Con la caduta del muro di Berlino, tuttavia, il mondo è cambiato notevolmente: in poco più di trent'anni l'assetto geopolitico del globo ha assunto una fisionomia completamente diversa e, ad oggi, risulta estremamente difficile disegnare anche solo una bozza di quello che potrebbe essere l'attuale ordine mondiale. Gli attori in gioco sono aumentati, alcuni del passato sono accresciuti in termini di egemonia; altri hanno iniziato una curva di decadimento.

Vorrei introdurvi un concetto, quello di "Spazio imperiale". Gli spazi imperiali sono quegli spazi fisici, geografici, che tendono per propria natura a guardare ai propri confini come a un qualcosa da oltrepassare, a diventare "mondo". Gli Spazi imperiali sono sempre esistiti nella Storia, e hanno tutti, sempre, cercato di raggiungere il medesimo obiettivo: espandersi ed essere egemoni. Sono stati Spazi imperiali i popoli sumeri, babilonesi, assiri e egiziani; lo sono stati l'Impero romano e l'Impero mongolo; lo sono stati gli Stati-nazione dell'Ottocento. Lo sono, adesso, gli USA, la Cina, il Medio Oriente, l'India e la Russia. Tutti gli Spazi imperiali sono accomunati da una caratteristica: sorvegliano la soglia del proprio territorio con intento predatorio. La soglia, del resto – pensate, banalmente, alla soglia di una casa – può essere aperta, o chiusa; è insicura per definizione. Gli Spazi imperiali sono dunque quegli imperi che hanno intrinsecamente la volontà di oltrepassare la soglia, in quanto animati dal desiderio insormontabile di dominio. In questo senso, la lotta tra gli Spazi imperiali è ciò che ha scandito il procedere della Storia sino ai giorni odierni.

Non troppo tempo fa il grande Spazio imperiale, egemone per definizione, era quello dell'Occidente europeo. Il filosofo Hegel parlava dell'Occidente europeo in modo molto vivace, paragonandolo a un "fuoco divoratore", a un "leone affamato". Un fuoco divoratore. Un leone affamato. Oggi fa quasi ridere pensare a noi europei in questi termini. Ma prima era esattamente così. E anche i grandi storici del '900 hanno ripreso in pieno queste espressioni hegeliane, parlando, poi, dell'epoca del cosiddetto "assalto europeo al mondo". È interessante domandarsi quali sono state le condizioni che hanno reso l'occidente europeo lo Spazio imperiale egemone per eccellenza. Sono facilmente individuabili: la potenza del commercio, dell'industria, il dominio sui mari. L'animo del leone affamato è la scienza, il pensiero scientifico, la ricerca scientifica che innova, trasforma e domina il creato in tutti i suoi aspetti. Ma non solo: ciò che ha reso l'occidente europeo uno Spazio imperiale è stata soprattutto la volontà di essere egemone. Questo tratto peculiare, in particolare, ce lo racconta, meglio di altri, Johann Gottlieb Fichte, altro filosofo dell'idealismo tedesco, quando scrive che: "*il nostro pensiero* [i.e. il pensiero europeo] *non si rassegna a non vedersi realizzato*". Non si rassegna a non vedersi realizzato. Ecco come descrivere in una frase la filosofia che dirige l'assalto europeo al mondo, la filosofia alla base dell'imperialismo. Del resto, non è esistito mai un cannone che abbia sparato senza una filosofia alle spalle.

L'egemonia dell'Occidente europeo, tuttavia, non fu longeva come ci si aspettava e gli Stati europei diedero inizio – essi stessi – al declino dell'Occidente europeo. Essendo ognuno di loro uno Spazio imperiale, entrarono in conflitto tra di loro, e il risultato della collisione è oggi conosciuto da tutti: le grandi Guerre mondiali. La Prima guerra mondiale fece conseguire il suicidio politico d'Europa; la seconda pose definitivamente la parola "fine" allo Spazio imperiale dell'Occidente europeo. L'Europa degli Stati-nazione, prigioniera del proprio assetto statuale, declarò quindi la sua stessa fine con l'avvento delle Grandi guerre, e cedette lo scettro di Spazio imperiale agli Stati Uniti d'America: l'Occidente europeo diventò Occidente americano.

Gli Spazi imperiali, ad ogni modo, non erano solo a Occidente, bensì anche ad Oriente. Esistono tutt'ora: il più noto è la Russia. La grande particolarità dell'Oriente russo è che questo è un Oriente che rappresenta, sotto numerosi aspetti, per modo di dire, una "costola" dell'Occidente europeo. Un esempio è il modo in cui l'Oriente russo affronta le guerre, che è un modo "europeo" di fare la guerra. La Russia del Dopoguerra prediligeva l'accordo, il compromesso, rispetto ai conflitti armati; prima veniva la competizione economica, il provare a corrompere il nemico, poi il resto. Non solo: le guerre portate avanti dall'Oriente russo si svolgevano nel pieno riconoscimento dell'avversario, senza alcuna demonizzazione. Non sarebbe stato concepibile, durante la Guerra Fredda, da nessuno dei due Spazi imperiali (Occidente americano e Oriente russo), un intervento terroristico da parte dell'avversario. E questo perché il conflitto era sì una guerra, ma una guerra ideologica, tra sistemi economici e politici diversi, i quali, nelle loro diversità, avevano un fine in comune: far progredire al meglio le forze produttive del proprio Stato. L'Oriente russo, inoltre, è culturalmente molto vicino all'Occidente europeo, anche perché è sempre stato fisicamente vicino ad esso: la soglia tra Europa e Russia è, infatti, un confine oggi tristemente noto: l'Ucraina, Nazione il cui nome significa, appunto, "confine".

È pur vero che la Russia negli ultimi trent'anni ha cambiato pelle almeno due o tre volte. L'Europa si è interfacciata prima con l'Unione sovietica di Mikhail Gorbaciov, poi con quella di Boris Yeltsin, infine con la Russia di Vladimir Putin. E, a dirla tutta, anche solo negli anni del regime putiniano è possibile distinguere differenti "fasi" storiche. Non possiamo dimenticarci che la Russia, nei primi anni 2000 è stata molto vicina a coronare il sogno di Dostoevskij, il quale diceva "senza Europa non c'è Russia" e "senza Russia non c'è Europa". Vladimir Putin è stato protagonista di un avvicinamento molto forte all'Occidente europeo (in particolar modo alla Germania) e, dopo il vertice di "Pratica di Mare" – il G7 in cui allo stesso tavolo George Bush e Vladimir Putin firmarono il trattato che metteva fine alla Guerra Fredda – in tanti pensarono si potesse scrivere una pagina nuova nei rapporti geopolitici con Mosca. Tuttavia, gli anni sono passati, e quello che è accaduto in Ucraina, ovverosia l'illegale e criminale invasione compiuta dai soldati russi nei confronti dello Stato sovrano ucraino, dimostra che quella finestra di opportunità è ormai chiusa. Non è detto che nell'arco di una generazione non possa riaprirsi (verosimilmente con differenti *leader*). L'auspicio non può che essere quello. Oggi l'unica cosa certa è che la Russia è tornata a camminare su sentieri estranei all'Unione europea e all'Occidente americano. Nonostante il fatto che sia, e sia sempre stata, il nostro più importante vicino di casa.

La vicinanza culturale tra l'Oriente russo e l'Occidente europeo è ancora più evidente se si osservano altri rapporti, come a esempio quello che intercorre tra Europa e i nascituri Spazi imperiali cinese, islamico e indiano. Mentre l'Europa e la Russia sono certamente due grandi spazi in lotta, ma connessi da radici storiche profondissime, Cina, Medio Oriente e India sono mondi decisamente molto distanti da quello europeo o russo, sono Spazi imperiali che esprimono una storia e una civiltà completamente diverse. Non solo: nel giro da qualche decennio, queste neo-potenze hanno raggiunto sviluppi economici e tecnologici sbalorditivi. La Cina, a esempio, solamente trent'anni fa era un Paese in cui la povertà era diffusa in modo estremamente massiccio. Eppure, i *leader* di partito succedutisi nel tempo hanno portato fuori dalla povertà un numero di persone enorme, e lo hanno fatto attraverso delle riforme istituzionali, economiche e infrastrutturali che sembravano all'epoca impossibili. Per farvi un esempio, l'attuale Segretario generale del Partito Comunista cinese Xi Jinping, nel 2017 ha elogiato a Davos il libero mercato e ha giudicato giusta l'idea di aver aderito all'Organizzazione mondiale del commercio. Se non è questo un radicale (e velocissimo) cambio di paradigma filosofico, economico e sociale, allora non so cos'altro possa esserlo. Stesso discorso vale per l'India. In un lasso di tempo brevissimo, questo Paese è diventato lo Stato più popoloso al mondo, con una popolazione superiore a 1 miliardo e 600 milioni di persone. Oggi arriva a ottenere conquiste in ogni settore, dalla ricerca allo spazio; dalla medicina all'informativa. Se guardiamo ai CEO, ovverosia gli amministratori delegati delle principali aziende dell'ICT nella Silicon Valley, ci accorgiamo che sono per la stragrande maggioranza indiani. Anche il Medio Oriente non è da meno. Questa regione geografica, molto complicata dal punto di vista etnico, linguistico e religioso, ha visto sviluppi economici tutt'altro che irrilevanti. Avanzo qualche riflessione (e provocazione): nessuno trent'anni fa si sarebbe sognato di dire, per fare un esempio, che Dubai sarebbe divenuta la capitale del turismo mondiale. Chi avesse avuto l'ardire di affermare una cosa simile sarebbe stato preso per matto. Per un italiano, o per un europeo, che alcune città come Roma, Firenze, Parigi o Barcellona possano abdicare a una città come Dubai è un qualcosa semplicemente senza senso. Eppure, è così: la capitale dell'Arabia Saudita ha numeri di gran lunga più rilevanti. Altra provocazione: anche in alcuni sport potremmo potenzialmente vedere un film simile. Tra una ventina di anni, il nostro torneo più importante di calcio, la Champions League, potrebbe essere la Serie B del calcio mondiale. Questo perché noi europei siamo a malapena 500 milioni, mentre nel resto del mondo ci sono 7 miliardi e mezzo di persone (senza considerare i futuri aumenti di popolazione). Se, come già oggi sembra stia facendo, il calcio si diffonderà in altre aree geografiche del mondo, anche i cittadini di altri Paesi vorranno avere un protagonismo nel mondo del calcio, così come lo abbiamo voluto noi europei negli anni.

Abbiamo ignorato tutto ciò, e stiamo continuando a ignorarlo. A qualche migliaio di chilometri dall'Europa altre civiltà si sono sviluppate velocemente e in maniera rilevante. Se prendeste una foto di Dubai di trenta anni fa e la confrontaste con una foto odierna rimarreste senza parole. Se leggeste cos'è il "Saudi Vision 2030", ovverosia il piano strategico promosso dal regno dell'Arabia Saudita per diversificare l'economia del proprio Paese, rimarreste sbalorditi: è un piano da più di 700 miliardi di dollari, come il nostro PNRR, ma gli arabi lo hanno lanciato otto anni fa e non hanno avuto bisogno del Covid-19 per giungere a questa idea. Tutto questo dovrebbe farci riflettere e, nello specifico, dovrebbe farci realizzare che indubbiamente l'Occidente europeo (e americano) non è affatto il centro immutabile del mondo. Tutto ciò dovrebbe farci prendere atto che, evidentemente, alcuni Paesi – che possono piacere o meno, che sono certamente molto diversi dal nostro, e che sicuramente non costituiscono regimi democratici – riescano ad avere, comunque, una programmazione di medio e lungo periodo molto più efficace della nostra. E con questi Paesi noi dividiamo il nostro destino e il destino del mondo. Nessuno negli anni '70 e '80 ha riflettuto con attenzione su tutto questo. Nessuno ha avuto la lungimiranza di comprendere che altrove, ad est del continente europeo, il Medio Oriente, la Cina e l'India muovevano i passi silenziosamente per diventare Spazi imperiali. Oggi, nei limiti del possibile, senza essere conniventi con l'estremismo islamico (che è ben altra cosa), andrebbe ricercato un dialogo. Per il bene dell'Europa, e per un ordine mondiale più equilibrato, è opportuno non ignorare i nuovi Spazi imperiali – segnatamente, i Paesi arabi non estremisti, l'India e la Cina – per quanto essi siano illiberali o non democratici. Solamente negli ultimi tre anni abbiamo visto sorgere due drammatici e sanguinosi conflitti. Abbiamo bisogno di dialogo, dialogo, dialogo. Non di scontri ideologici.

Se si inizia a riflettere sulle grandi differenze che intercorrono tra gli Spazi imperiali russo e islamico, indiano o cinese, possiamo comprendere quale ruolo l'Unione europea potrà (e dovrà) avere in futuro. È indiscutibile che oggi l'America sia in una profonda crisi. Caduto il muro di Berlino, dopo decenni di *leadership* mondiale, si trova a dover fare i conti non più con la costola spuria della Storia europea e dell'Occidente europeo – la Russia –, ma con ben tre nuovi Spazi imperiali completamente diversi. E in questo scenario globale, acefalo e multipolare, l'Europa – il vecchio Spazio imperiale suicidatosi per colpa delle proprie mire nazionalistiche – può riassumere nuovamente un ruolo fondamentale nello scenario globale: quello di mediatore. Chi è, alla prova dei fatti, il soggetto politico più adeguato a dialogare con civiltà così diverse? Chi, meglio degli europei, ha elaborato nella propria cultura, fin dalla nascita, un rapporto particolare con il "barbaro"? Chi, in Occidente, ha gli strumenti culturali, intellettuali, per comprendere e decodificare il rapporto con le altre civiltà a Oriente e nel Medio Oriente? La risposta è una, e non può essere altra: noi europei. Potrebbero mai gli americani sostituirsi all'Europa in questo ruolo? No. Potrebbero gli Stati Uniti d'America essere in grado di ascoltare – *ascoltare* – e capire altre civiltà, così distanti dal loro continente oltre oceano? Non penso proprio. Non si tratta di una critica, ma di una considerazione di fisiologia politica. Per decenni, gli USA hanno ritenuto di essere l'unico Spazio imperiale esistente, la cui missione era quella di guidare il mondo dall'alto del Campidoglio americano. Eppure, in pochi decenni la situazione è radicalmente cambiata, il confronto Occidente-Oriente che ha dominato fino alla fine degli anni '80 non esiste più e gli attori in gioco sono ben più numerosi e potenti. Gli USA, in altri termini, non hanno saputo gestire l'ordine mondiale, e per questo ritengo che o l'Unione europea riesce ad aprire un dialogo con le altre civiltà, oppure a mio avviso il destino che abbiamo davanti può davvero essere drammatico.

Per l'Unione europea si apre, dunque, una stagione difficile, ma essenziale per l'equilibrio geopolitico globale. Purtroppo, è chiaro a tutti che *questa* Unione europea non può pensare di ricoprire il suo importante ruolo se prima non compie passi in avanti verso l'unificazione politica. Del resto, in coscienza, qualcuno pensa davvero che un singolo staterello europeo possa fare la differenza ad un tavolo di lavoro con la Cina e l'India? O in una negoziazione con un Paese della lega araba? Per favore, siamo seri. In politica il segno chiaro della decadenza è la mancanza della volontà di potenza, della volontà politica di governare. Se non si ha questa volontà, non è possibile fare politica; al più, ci si auto amministra. Ebbene, l'Unione europea deve dimostrare la sua volontà politica, e lo deve fare in un unico modo: perseguendo il progetto di federazione verso gli Stati Uniti d'Europa. Qualche pensatore anni fa sosteneva che la storia era finita. Per quel poco che valgono le mie considerazioni, ritengo che la storia sia invece semplicemente mutata, prendendo una nuova piega che ci sprona ad affrontare nuove sfide. L'Unione europea, che settanta anni fa era un sogno necessario, oggi è l'ultima speranza per riuscire a preservare un qualche ordine mondiale per non mandare in malora l'intero pianeta. Ma come può l'Unione europea unificarsi? Sicuramente non solo a parole, ma con proposte ben identificabili da raggiungere in un orizzonte temporale determinato: a mio avviso, il 2040. Di seguito, vorrei segnalarvi quelli che reputo siano i nodi cruciali da sciogliere per raggiungere l'unità politica prerequisito della Federazione europea.

La riforma dei Trattati. Gli Stati Uniti d'Europa che dobbiamo realizzare sono un'Unione che deve poter correre a più velocità contemporaneamente, non un'Unione europea in cui il diritto di veto posto da qualche rappresentante in seno al Consiglio dell'Unione possa bloccare l'intero sviluppo europeo. Questo aspetto è superabile in una sola maniera: una riforma del TUE e del TFUE. La modifica dei Trattati deve essere la prerogativa delle istituzioni europee all'indomani del voto di giugno e, anche per questo, è fondamentale che in Europa siano eletti rappresentanti che vogliano tali riforme: una maggioranza in Parlamento europeo favorevole alla modifica dei Trattati ha un'influenza sull'intero assetto della governance europea. A esempio, ogni commissario europeo, infatti, deve ricevere la "fiducia" da parte del Parlamento europeo. E, come si è visto, il Parlamento europeo ha molti poteri di "soft power" da utilizzare. La riforma dei Trattati, in particolare, dovrebbe riguardare:

1. la riduzione drastica delle ipotesi di diritto di veto. Il voto a maggioranza semplice o a maggioranza qualificata deve essere la regola per tutti i settori di competenza dell'Unione europea, con particolare riguardo a: (i) la fiscalità dell'Unione, (ii) l'approvazione del Quadro Finanziario Pluriennale; (iii) la politica estera e di difesa. In questi settori è impensabile procedere con i meccanismi di unanimità. Inoltre, l'Europa ha bisogno di un regime di tassazione che sia ideato in funzione di tutti gli Stati membri. Non è contemplabile avere un mercato unico europeo in regime concorrenziale e avere allo stesso tempo 27 regimi fiscali differenti che agevolano in maniera diversa gli imprenditori, creando inevitabilmente squilibri;

2. la modifica dei riparti di competenze. Le competenze tra Unione e Stati membri devono essere riviste e devono essere inseriti maggiori poteri per l'Unione in materia di protezione dei confini, immigrazione e controllo su di un esercito europeo di difesa comune;

3. l'elezione diretta del presidente della Commissione europea. Il Presidente della Commissione europea deve poter essere eletto dai cittadini, evitando compromessi politici raggiunti dai capi di governo in sede di Consiglio europeo;

4. la modifica del meccanismo costitutivo della Commissione europea. I commissari europei devono essere espressione della volontà politica emersa a seguito delle elezioni per il Parlamento europeo, non una scelta arbitraria del Governo nazionale in carica. Se un governo nazionale non ottiene il miglior risultato elettorale in sede di votazioni europee,

spetta al partito più votato il maggior peso nella scelta del Commissario. Inoltre, il collegio dei commissari va ridotto quantitativamente, per evitare di avere un organo che in futuro possa raggiungere dimensioni eccessive: i commissari devono essere, a esempio, venti, e devono essere europei, rappresentando, in un certo senso, il "governo" europeo. Non devono essere considerati "prestati" dai singoli Stati membri;

5. l'ampliamento dei poteri dell'Alto rappresentante per la politica estera e di difesa, e della Commissione europea. In materia di politica estera, l'Alto rappresentante deve essere autonomo e indipendente dalle volontà dei singoli Capi di governo in seno al Consiglio europeo, il quale deve mantenere un ruolo collaborativo ma non decisionale.

La politica di difesa. L'Unione europea per potersi dire "Federazione" dovrà occuparsi con più incisività del tema della difesa europea. Basti pensare che viviamo tutti in un'Europa con n. 27 eserciti, n. 27 aeronautiche, n. 27 marine, oltre n. 50 servizi segreti. Non abbiamo il controllo dei confini "esterni" dell'Unione, ma qualcuno propone di ripristinare i confini "interni" che, a livello di chilometraggio, sono almeno sette volte più lunghi. Una follia pura. L'esercito europeo comune è una garanzia di indipendenza dagli interessi oltre oceanici (che, ad ogni modo, esistono) e rappresenta un modo per aumentare la sicurezza interna. La NATO, prima che Vladimir Putin la rilanciasse, era considerata da tutti cerebralmente morta. Un sistema di difesa europeo nascerebbe con scopi e sensibilità differenti; per questo, una maggiore politica di difesa va intesa quale politica di investimenti in difesa per scopi civili: non si tratta di riarmare mezza Europa, ma di potenziare i sistemi di intelligence e di compiere investimenti in infrastrutture, sullo spazio aereo e sulle tecnologie utili per la prevenzione, a esempio, di attacchi terroristici. Internet è nato così, il GPS è nato così, da investimenti in materia di difesa. Per molti anni tanti Paesi di tutto il mondo hanno investito nella difesa e, purtroppo, non è un caso che negli ultimi trent'anni molte delle principali realtà dell'Innovazione provengono dagli Stati Uniti e non dall'Europa. In questo settore, quindi, l'Unione europea deve fare fronte comune e ottimizzare gli investimenti. Inoltre, il tema della sicurezza è strettamente interconnesso con il tema della cultura. Nessuno ha dimenticato quanto forte, nel decennio scorso, il terrorismo ha colpito la nostra Europa: gli avvenimenti di Charlie Hebdo; del Bataclan; del mercato di Natale di Berlino; del London Bridge; del mercatino di Natale di Strasburgo in cui è stato ucciso il giovane italiano Antonio Megalizzi. I terroristi in questione non provenivano da Paesi stranieri. Il terrorismo che ci ha colpiti era sorto nelle periferie delle metropoli europee. Perché è nelle periferie che manca maggiormente la capacità di integrare e di integrarsi (guarda caso proprio dove la cultura è assente). Sicuramente è mancata la sicurezza militare o il controllo del territorio, ma non soltanto: se l'Europa vuole essere più unita politicamente, deve anche essere più sicura al proprio interno. Sicurezza e libertà sono le due facce della stessa medaglia; e il pilastro più solido su cui la sicurezza può contare è quello dell'investimento in cultura e educazione, soprattutto per i migranti e per i cittadini italiani di seconda generazione.

La politica estera. Gli Stati Uniti d'Europa dovranno avere tutt'altro atteggiamento in materia di politica estera. Deve esserci una sola politica di indirizzo, che valga per tutti. E per quanto possa essere difficile immaginarla e implementarla, non può che partire dai valori fondativi dell'Unione europea che già sono alla base dei Trattati. La politica estera dell'Unione dovrà essere una politica sì di mediazione con i nuovi Spazi imperiali, ma anche una politica volta a rendere l'Europa più competitiva sotto il profilo industriale, della sostenibilità e dell'approvvigionamento energetico, in una logica di solidarietà e inclusione tre a e per gli Stati membri. In futuro c'è bisogno della voce unita dell'Unione europea, in quanto le singole nazioni, da sole, non possono essere incisive. Gli Stati Uniti d'Europa, invece, rappresentano un centro di poteri e di interessi estremamente competitivo che può coprire un ruolo fondamentale in forza della sua posizione geografica. Per anni, la politica estera dell'Ue è stata un fantasma, un insieme di documenti burocratici che non hanno prodotto (quasi) nulla. Modificando i Trattati, invece, l'Unione potrà scrivere una pagina nuova della Storia e iniziare a essere protagonista in Ucraina, in Palestina o in Africa, dove è possibile immaginare un diverso dialogo tra Europa e Africa, sulle questioni energetiche.

L'immigrazione e la denatalità. L'Unione europea si sarà anche allargata nel tempo a 27 Stati, ma rimane, comunque, un ordinamento molto piccolo sotto il punto di vista demografico. Mentre i nuovi Spazi imperiali continuano a crescere in termini di popolosità, l'Europa va in una direzione opposta: nel 1970 nascevano in Unione europea 7,2 milioni di bambini; nel 2016 questa cifra è scesa a poco più di 5 milioni (-29%). L'Italia, in particolare, è passata da 900mila nascite (1970) a 390mila (2022): questa non è una crisi della denatalità, è un collasso demografico. Tutta l'Europa presenta un livello di cambiamento profondo nella propria popolazione e, al riguardo, gli Stati Uniti d'Europa potrebbero approcciare a questo tema fondamentale con una forza finanziaria maggiore, capace di finanziare politiche sociali e del lavoro condivise volte a creare le condizioni migliori per agevolare la crescita della natalità. Sull'immigrazione, gli Stati Uniti d'Europa dovranno radicalmente cambiare passo. Nel concreto: (i) occorrerà partire dalla modifica del Regolamento di Dublino, la norma europea che, allo stato attuale, non responsabilizza allo stesso modo gli Stati membri nella fase di salvataggio e di sbarco dei migranti sulla terraferma; (ii) si dovrà ripristinare l'Operazione Sophia, un'operazione militare di sicurezza marittima lanciata dall'Unione europea nel 2015 con lo scopo di effettuare salvataggi in mare e di avviare sforzi sistematici per individuare, catturare e distruggere le navi ed attrezzature utilizzate da contrabbandieri e trafficanti di migranti; (iii) l'immigrazione andrà gestita con due principali direttive: la legalità e il lavoro. I migranti che non rispetteranno le norme europee dovranno essere sanzionati, rimpatriati, con certezza del diritto; ma ogni migrante che abbia l'intenzione di vivere in Europa deve essere messo in condizioni di poterlo fare: non serve creare in qualche Paese dei centri di detenzione dei migranti (di dubbia legalità costituzionale). La sfida dell'Unione europea sarà quella di creare una rete di centri di formazione per i migranti, per consentire loro di lavorare e integrarsi nella società. La capacità di soccorrere un migrante – e di accoglierlo in seguito – non dovrà più essere messa in discussione con il cambio di *questo* o di *quell'altro* governo nazionale; dovrà partire anche dall'idea che concedere la cittadinanza agli stranieri che nascono sul suolo nazionale o che completino un ciclo di studi, non sia un tabù.

Infine, la ricerca e l'innovazione. Gli Stati Uniti d'Europa dovranno essere promotori della ricerca accademica e scientifica, con particolare riguardo all'informatica e alle nuove tecnologie. Forte di un impianto economico più incisivo, che non può fare a meno del debito comune, l'Unione europea dovrà finanziare laboratori di ricerca, università e società operanti in ogni settore, al fine di raggiungere maggiori e migliori traguardi scientifici, attraendo talenti da tutto il mondo. La medicina, l'industria, la difesa, l'agricoltura, l'edilizia, e tantissimi altri ambiti del sapere nei prossimi anni compiranno passi in avanti straordinari con l'intelligenza artificiale: gli Stati Uniti d'Europa non dovranno essere il rimorchio degli Stati Uniti d'America, ma dovranno guidare questa rivoluzione con le proprie gambe. Le sfide globali come il cambiamento climatico, la sicurezza alimentare, la salute pubblica e l'energia richiedono soluzioni innovative. Investire massicciamente in ricerca e sviluppo consentirebbe all'Unione europea di affrontare queste sfide con migliori strumenti, nonché di guidare lo sviluppo di soluzioni più sostenibili.

Da quando è nata, l'Unione europea ne ha fatta di strada. In questo libro ho provato a parlarvene, e spero di avervi reso maggiormente edotti al riguardo. Credo che quello che ci attende sia un percorso molto difficile e pieno di sfide complesse. Scegliere di andare a votare per il rinnovo del Parlamento europeo non è un gesto simbolico: è un gesto sostanziale, oltre che un dovere civico. Scegliere a chi affidare, seppure in una certa misura, il potere di orientare le decisioni dell'Unione è – non mi vengono in mente altri termini per definirlo – semplicemente essenziale. Come si è visto, il Parlamento europeo è l'istituzione maggiormente rappresentativa degli interessi dei cittadini, ed è un'istituzione forte, utile e decisiva. Siamo noi cittadini europei a decidere quali saranno le sensibilità politiche che vedranno aggiudicarsi più seggi in questa importante istituzione. Quelle sensibilità, poi, si incardineranno nel sistema di organi e istituzioni che compongono la macchina europea, contribuendo a dare una direzione politica all'Unione europea intera. Non tutti i partiti italiani hanno la stessa idea di Europa. Per questo, è importante che i cittadini europei capiscano e dibattano di Europa; e che, infine, partecipino in tanti all'appuntamento elettorale: *capire, dibattere, partecipare*. A giugno, ognuno di noi sarà chiamato a onorare l'eredità dei padri fondatori dell'Unione, nonché la volontà di tutti gli uomini e di tutte le donne che hanno contribuito a costruire, un mattone dopo l'altro, la grande Casa chiamata Unione europea. Non solo: siamo anche chiamati a rilanciare quella eredità affinché, tra una ventina d'anni, possa esserci un altro giovane, che in un libro un po' pasticciato, possa raccontare di come l'Unione europea sia diventata protagonista nell'innovazione scientifica, di come sia riuscita a giocare un ruolo decisivo tra Stati Uniti e Cina, di come abbia contribuito a creare la pace in Medio Oriente. E di come, tenendo fede alle proprie radici culturali, abbia avuto la forza di realizzare per l'Europa un futuro di speranza, e non solo di ricordi.

Grazie,
buon voto a tutti.

Diritto dell'Unione europea. Parte istituzionale, Torino, Giappichelli, 2020; R. Bin, S. Bartole, *Commentario breve alla Costituzione*, Padova, CEDAM, 2008; G. De Vergottini, *Diritto costituzionale*, Padova, CEDAM, 2017; N. Lupo e A. Manzella, *Il Parlamento europeo*, Roma, Luiss, 2019; F. Fabbrini, *Next Generation UE, Il futuro di Europa e Italia dopo la pandemia*, Bologna, il Mulino, 2022; Piero S. Graglia, *L'Unione europea, Perché stare ancora insieme*, Bologna, Il Mulino, 2022; M. Arciduca, *Io ho un sogno, gli Stati Uniti d'Europa spiegati a mia nipote*, AltroMondo Editore, 2022; F. Fabbrini, *Brexit, tra diritto e politica*, Bologna, il Mulino, 2021; P. Guerrieri, P. Padoan, *L'economia europea, tra crisi e rilancio*, Bologna, il Mulino, 2020; A. Missiroli, *L'Europa come potenza, Diplomazia sicurezza e difesa*, Bologna, il Mulino, 2022; il Trattato sull'Unione europea; il Trattato sul Funzionamento dell'Unione europea.

Con riferimento a quanto descritto nel Capitolo 5, si segnalano il sito ufficiale dell'Unione europea (http:europa.eu) e, in particolare, il sito ufficiale del Parlamento europeo (http:europarl.europa.eu).

www.ingramcontent.com/pod-product-compliance
Lightning Source LLC
Chambersburg PA
CBHW052247220526
45471CB00001B/233